Helma Sick
Wie frau sich bettet

Wege zum Wohlstand im Alter

Piper München Zürich

Von Helma Sick liegt in der Serie Piper außerdem vor:
frau & geld (2007)

Originalausgabe
September 1999
© 1999 Piper Verlag GmbH, München
Umschlag: Büro Hamburg, Andreas Rüthemann
Foto Umschlagvorderseite: Romilly Lockyer / Image Bank
Foto Umschlagrückseite: Irmin Eitel
Gesamtherstellung: Clausen & Bosse, Leck
Printed in Germany   ISBN 3-492-22864-X

INHALT

Stolpersteine auf dem Weg zum Vermögen 98

Gut geplant ist halb gewonnen 118

Vermögensaufbau: Die kostenlosen Helfer
»Wichtig ist, was hinten rauskommt« 126

Vorwort

Noch vor zehn Jahren reizte das Thema Altersvorsorge viele Frauen eher zum Gähnen als zum Handeln. Altersvorsorge galt als spießig und eher unnötig, Vermögensplanung als langweilig und uninteressant. Auch heute noch verschließen viele Frauen die Augen vor dem Problem der Absicherung im Alter. So sagen rund 42 % der 30- bis 50jährigen, sie seien »bisher nicht dazu gekommen, fürs Alter vorzusorgen«.

Und doch ist in den letzten Jahren ein bemerkenswerter Wandel erkennbar. Durch die öffentliche Diskussion über die Zukunft der gesetzlichen Rentenversicherung haben sich Einstellung und Motivation verändert. Auch im Bewußtsein junger Frauen ist mittlerweile stark verankert, daß die gesetzliche Rente zum sorglosen Leben im Alter keinesfalls reichen wird, daß eine Partnerschaft keine ausreichende Altersversorgung ist, daß das Leben immer länger dauert, daß also immer mehr und immer länger Geld benötigt wird. Die Bereitschaft, jetzt zu sparen, um später besser leben zu können, ist deutlich gestiegen.

Aber die Unsicherheit über den richtigen Weg zum Vermögen ist immer noch groß. AnlegerInnen werden überflutet von einer unübersehbaren Fülle von Informationen. So hatten Ende 1990 Wirtschaftszeitschriften noch eine Auflage von rund 800000 Exemplaren. Ende 1998 waren es bereits über 3 Millionen Exemplare.

Verunsichernd sind die Glaubenskriege, die in den Medien ausgetragen werden, beispielsweise darüber, ob Lebensversicherungen oder Aktienfonds die besseren Bausteine zum Vermögen sind. Und ständig kommen mit großem Werbeaufwand neue Produkte auf den Markt, deren Qualität auf den ersten Blick nicht zu erkennen ist oder deren Risiko nicht eingeschätzt werden kann.

In diesem Buch finden Sie einen roten Faden durch das Anlagelabyrinth. Sie erfahren alles über die wichtigsten

Bausteine zur Altersvorsorge, aber auch wie Sie diese Bausteine sinnvoll zu einem Konzept verknüpfen können. Sie lesen, wer oder was Ihnen dabei helfen kann und welche Stolpersteine Sie möglicherweise am Wohlstand hindern. Und Sie wissen am Ende des Buches, mit welchen Anlagestrategien Sie ganz bestimmt Erfolg haben werden und welche Wege Sie in unterschiedlichen Lebensphasen zum Wohlstand führen.

Viel Erfolg!
München, im Sommer 1999   Helma Sick

»*Es sind nur zwei Dinge, die einem ein Gefühl von Daseinsberechtigung geben, Geld und Liebe. Soll es ganz richtig sein, so sind es beide zusammen, aber wann ist wohl das Leben einmal ganz richtig? Und fehlt eins von beiden, so kann man sich immerhin mit dem anderen trösten. Fehlen aber beide …*«

Franziska Gräfin zu Reventlow, Schriftstellerin, Schauspielerin und Malerin (1871 bis 1918)

Altersversorgung für Frauen – früher und heute

Zu den Zeiten, als die Götter noch auf Erden wandelten, lebte in Griechenland ein altes Ehepaar, Philemon und Baucis mit Namen. Sie bewirtschafteten ihren kleinen Bauernhof, ernteten ihr Obst und ihr Gemüse, molken ihre Ziege, und für ganz besondere Gelegenheiten, zum Beispiel für den Besuch besagter Götter, hielten sich die beiden eine Gans.

Es war ein karges, ärmliches Dasein. Weil aber die beiden Alten bescheiden und damit zufrieden waren und bei ihrem Besuch die Götter auf's trefflichste bewirteten, übernahmen diese die Altersversorgung für Philemon und Baucis. Und so verwandelten die Götter ihn in eine Eiche und sie in eine Linde, auf daß sie noch lange glücklich und eng ineinander verschlungen leben konnten.

Diese Geschichte kann man in den Metamorphosen von Ovid nachlesen. Sie zeigt eine Variante der Altersversorgung, die zwar poetisch und anrührend ist, aber auch im alten Arkadien wohl eher selten war und mit ihm zu Ende ging.

In früheren Zeiten benötigten Frauen keine eigene Altersversorgung. Sie waren über die Familie abgesichert. In der bisherigen Menschheitsgeschichte bis ins 19. Jahrhundert und länger hat in der Regel die Familie – die Sippe, der Stamm, also die engere und weitere Verwandtschaft – die Versorgung der Alten solidarisch übernommen.

Die Gegenleistung der Alten bestand darin, daß sie im Rahmen ihrer körperlichen und geistigen Möglichkeiten mitarbeiteten, also das Vieh versorgten, die Kinder hüteten und ihre Erfahrungen, ihre Einsichten, ihre Weisheiten zur Verfügung stellten.

Sicherlich gab es auch immer schon Ausnahmen von der Altersversorgung durch den Familienverband, wie das Beispiel der Beginen in den niederländischen Städten zu Beginn der Neuzeit zeigt. Sie stellten etwas dar, das wir heute als Rentnerinnen-Kommune oder -Wohngemeinschaft bezeichnen würden. Auch Klöster, Ordensgemeinschaften und ähnliche Einrichtungen zählten zu den Sonderformen der Altersversorgung, auch wenn sie eigentlich ganz andere Ziele hatten. Alle diese Ausnahmen waren aber nicht mehr als Randerscheinungen und auch nicht mehr als eine individuelle Lösung für wenige.

In früheren Zeiten also brauchten Frauen keine eigene Altersversorgung, weil sie entweder über die Familie abgesichert waren oder, was sehr viel häufiger der Fall war, früh starben, meist im Kindbett.

Die Verhältnisse haben sich im Laufe dieses Jahrhunderts gründlich geändert. Die Absicherung über den Familienverbund funktioniert nicht mehr. Großfamilien gibt es, wenn überhaupt, nur noch im bäuerlichen Bereich. Die Kleinfamilie ist mit ihrer Rolle überfordert, und die Ehe bietet keine Sicherheit mehr. Mittlerweile wird jede dritte Ehe in Deutschland geschieden.

Hinzu kommt eine neue Entwicklung in den letzten dreißig Jahren: Die Lebenserwartung von Frauen übertrifft heute deutlich die von Männern. Sie erreichen im statistischen Durchschnitt ein Alter von 80, während Männer im Durchschnitt 73 Jahre alt werden.

Frauen brauchen also im Alter mehr Geld! Denn nicht nur die Lebenserwartung nimmt zu, sondern auch die Ansprüche, die wir an das Leben im Alter stellen.

Um das deutlich zu machen, darf ich Sie an die Geschichte »Die unwürdige Greisin« erinnern, in der Bertolt Brecht über die letzten Lebensjahre seiner Großmutter berichtet. Diese tat nämlich nach dem Tod ihres Mannes Unerhörtes und Unwürdiges. Ihre Familie erwartete das Übliche – daß also die Großmutter weiter in Bescheidenheit und in Aufopferung für die Familie lebte. Aber nein! Zum Erstaunen, dann zum Entsetzen der Verwandtschaft löste sie sich aus den kleinbürgerlichen Zwängen ihres Alltags und lebte erstmals für ihr eigenes Wohl und Vergnügen. Sie trank jeden Tag ein Gläschen Rotwein, ging ab und zu ins Kino, aß zuweilen in einem Wirtshaus und fuhr sogar einmal mit einer gemieteten Kutsche zum Pferderennen. Und obendrein suchte sie noch die Gesellschaft eines Flickschusters, der im Verdacht stand, ein Sozialdemokrat zu sein. Das waren damals lauter unerhörte Dinge, zumal für eine verwitwete alte Frau! Für sie hätte es sich vielmehr gehört, in schwarzen, dunkelgrauen oder dunkelbraunen Kleidern herumzulaufen, fromm zu sein und allen irdischen Vergnügungen zu entsagen.

Wie stellt sich dagegen das Alter heute dar, auch im Vergleich mit Bertolt Brechts Großmutter? Heute erwartet kein Mensch mehr ein Leben in Schwarz und Grau, keiner ein Leben in Bescheidenheit. Die Alten von heute versuchen aus dem letzten Lebensdrittel das Beste zu machen. Sie genießen in vollen Zügen die Muße, die Befreiung von Arbeitsstreß und familiären Pflichten. Sie gehen wandern und ins Fitneßcenter, sie malen, töpfern und musizieren, sie engagieren sich aktiv in sozialen Projekten. Manche holen sogar nach, was das Leben ihnen bisher vorenthalten hatte: 27 000 Menschen über 55 Jahre erfüllen sich einen Traum und studieren ihr Wunschfach an deutschen Hochschulen. Sie sind GasthörerInnen oder ordentlich eingeschriebene Studierende. Und zwei Drittel davon sind weiblich! Ich kenne 76jährige, die Computerkurse machen, 84jährige, die mit Begeisterung im Internet surfen und die einen Browser nicht für eine Limonade halten, sondern ganz richtig für eine Internet-Software.

Das Alter ist zudem die Zeit des Reisens geworden. Überwintern auf Mallorca, im Frühjahr mal vier Wochen auf die Kanarischen Inseln, im Sommer Kreuzfahrten zum Nordkap und zur Kur nach Italien. Ganz im Gegensatz zum grauen Bild der Alten früherer Zeiten ist die Seniorin von heute schick angezogen, geht zum Friseur und zur Kosmetik, trifft sich mit ihren Freunden im Restaurant zum Essen. Ich erlebe in meiner täglichen Praxis immer mehr interessante, attraktive Frauen über sechzig, so vielseitig in ihren Neigungen und Engagements, daß es eine wahre Freude ist. So stellt sich heute das Alter dar, wenn frau es bezahlen kann.

Die Lebensumstände haben sich also in diesem Jahrhundert tiefgreifend verändert. Wir werden nicht nur älter als früher, wir wollen im Alter auch besser leben und die Zeit genießen. Aber besonders Frauen verhalten sich nicht den veränderten Umständen entsprechend. Sie wollen die Realität nicht sehen. Es ist bekannt, daß die meisten jungen Männer schon mit dem Eintritt in das Berufsleben an ihre Altersversorgung denken. Sie schließen Lebensversicherungen ab oder Aktiensparpläne, planen also konsequent den Aufbau eines Vermögens.

Für Frauen ist das auch heute noch keineswegs selbstverständlich. Die Zahl der Frauen, die schon in jungen Jahren an Altersversorgung denkt, ist verschwindend gering. Klammheimlich hoffen viele Frauen immer noch, daß ein Ehemann eine ausreichende Altersversorgung sei. Sie sehen dabei nicht, daß in Deutschland mittlerweile jede dritte Ehe geschieden wird und daß die aus dem Versorgungsausgleich den beiden Ehepartnern zustehende gesetzliche Rente oft »zum Leben zu wenig und zum Sterben zu viel« ist.

Vielen Frauen wird erst sehr spät, oft ausgelöst durch radikale Lebensveränderungen wie Scheidungen oder Tod des Partners bewußt, wie wenig sie abgesichert sind.

Frauen stecken beim Thema Altersversorgung den Kopf in den Sand. Wer aber heute den Kopf in den Sand steckt, knirscht morgen mit den Zähnen, wie die folgenden Zahlen beweisen:

92,6 % aller Rentnerinnen beziehen eine monatliche Rente, die unter 2000 DM liegt. Mehr als die Hälfte aller Rentnerinnen, nämlich 58,1 %, beziehen sogar eine monatliche Rente von weniger als 1000 DM. Das sind die Zahlen, die die Statistik für das Jahr 1997 geliefert hat. Aber in den folgenden Jahren – 1998, 1999 und wohl auch im Jahr 2000 – werden die Zahlen kaum anders aussehen, weil die Verhältnisse sich nicht geändert haben. Und die ändern sich nun mal nicht von selbst: Da muß frau schon aktiv werden.

Warum haben Frauen im Alter
so wenig Geld?

Die Gründe für das niedrige Einkommensniveau der
Frauen im Rentenalter sind vielfältig. Sie haben ihre Ur-
sprünge in unserem politischen und sozialen System – vom
geringeren Einkommen der Frauen bis hin zu einem Rentensystem, das auf eine männliche Erwerbsbiographie aufgebaut ist. Aber auch die mangelnde Bereitschaft vieler
Frauen, sich damit auseinanderzusetzen und entsprechende
Konsequenzen zu ziehen, spielt eine große Rolle.

Geringere Löhne und Gehälter

Auch heute noch entscheiden sich viele Frauen für eine
Ausbildung in Berufen mit niedrigen Löhnen und in Berufen ohne Aufstiegschancen. Diese Anspruchslosigkeit spie-
gelt sich auch in der Rangfolge der beliebten Berufe: Seit
1991 ist zum Beispiel »Arzthelferin« das begehrteste Ausbil-
dungsziel, gefolgt von der Bürokauffrau, der Industrie-
kauffrau, der Zahnarzthelferin, der Friseurin und der Ver-
käuferin.

Hinzu kommt, daß Frauen in vielen Unternehmen oft
trotz hervorragender Ausbildung und Leistung immer noch
benachteiligt werden. Gleicher Lohn für gleiche Arbeit ist
nach wie vor keineswegs die Regel. Besonders interessant
ist, daß die Einkommensunterschiede zwischen Männern
und Frauen zunehmen, je qualifizierter die Ausbildung und
je höher der Arbeitsplatz in der Unternehmenshierarchie
angesiedelt ist.

1992 hatten 35,9 % der berufstätigen Männer, aber nur

8,3 % der berufstätigen Frauen ein Nettoeinkommen von 3000 DM und mehr monatlich.

Melanie R., Abteilungsleiterin in einem renommierten deutschen Unternehmen, verdiente rund 500 DM im Monat weniger als ihre männlichen Kollegen. Ihre Forderung nach gleicher Bezahlung beschied der Geschäftsführer abschlägig. Sein Argument: Die unterschiedliche Bezahlung habe »historische Gründe« und könne nicht ohne weiteres geändert werden.

Teilzeitarbeit

Teilzeitarbeit in Deutschland wird immer noch überwiegend von Frauen ausgeübt. Laut Statistischem Bundesamt in Wiesbaden waren im April 1998 36 % der abhängig beschäftigten Frauen teilzeitbeschäftigt. Bei den Männern waren es gerade 4 %. Mehr als 90 % aller Teilzeitarbeitsplätze sind mit Frauen besetzt.

Der Anspruch an einen Vollzeit-Arbeitsplatz und die unzureichende Infrastruktur für Kinderbetreuung und Altenpflege machen es für die meisten Frauen unmöglich, Vollzeitbeschäftigung und Familie zu vereinbaren. Teilzeitarbeit ist deshalb für sehr viele Frauen die einzige Möglichkeit, den Kontakt zur Arbeitswelt nicht zu verlieren.

630-DM-Jobs: Geringfügige Beschäftigung

Auch »geringfügigen Beschäftigungen« gehen überwiegend Frauen nach. Häufig verdienen sich Frauen damit während der Kindererziehungszeiten ihr Taschengeld. Mit einer geringfügigen Beschäftigung kann sich eine Frau aber beruflich nicht qualifizieren. Dadurch wird ihre Ausbildung entwertet. Je länger also Frauen in einem solchen Beschäftigungsverhältnis arbeiten, desto schwieriger wird ihre Rückkehr in den erlernten Beruf.

Hinzu kommt, daß über einen 630-Mark-Job keine oder nur eine minimale Einzahlung in die gesetzliche Rentenversicherung erfolgt. Und Frauen verdienen damit nicht genug, um sich eine eigene private Altersversorgung aufzubauen. Frauen bleiben also auch später abhängig von den Rentenzahlungen des Mannes, der oft genug im Laufe der Ehejahre abhanden kommt (Scheidungsstatistik). Und wenn nicht, reicht seine gesetzliche Rente kaum für seinen Lebensunterhalt, geschweige denn für zwei Personen.

Kindererziehungszeiten

Die Freude auf ein Kind ist meist groß, nach meiner Erfahrung trübt sie aber häufig den Blick für die Realitäten. Sehr viele junge Frauen, die ein Kind erwarten, gehen ganz selbstverständlich davon aus, daß sie bestehende Altersvorsorge-Sparpläne, also Lebensversicherungen oder Fondssparpläne, kündigen oder stillegen, wenn sie beruflich wegen des Kindes pausieren. »Ich verdiene ja dann kein eigenes Geld mehr«, lautet das Argument.

Wenn Frauen ihren Beruf aufgeben und sich in Übereinkunft mit dem Partner dem gemeinsamen Kind widmen, nehmen sie erhebliche berufliche und wirtschaftliche Nachteile in Kauf. Deshalb sollen, ja *müssen* eine Lebensversicherung oder ein Fondssparplan während dieser Zeit aus dem Familieneinkommen weitergezahlt werden.

Langjähriger Rückzug auf Partnerschaft und Familie

Längere Berufsunterbrechung hat letztendlich dieselben Konsequenzen wie die geringfügige Beschäftigung: keine oder kaum eine Einzahlung in die gesetzliche Rentenversicherung, keine berufliche Qualifikation und damit Entwertung der Ausbildung. Ausschließliche Abhängigkeit vom Partner und der späteren Rente des Mannes.

Anke D. ist über diesen Fallstrick gestolpert. Anke D. studierte Betriebswirtschaft, ihr Mann Medizin. Nach dem Studium heirateten die beiden. Relativ bald kam das erste Kind, zwei weitere folgten. Abends, wenn die Kinder schliefen, tippte Anke D. die Doktorarbeit ihres Mannes. Zu eigener Berufstätigkeit oder Fortbildung kam sie nicht mehr.

Dank der stabilen häuslichen Verhältnisse konnte Dr. D. sich ganz seiner beruflichen Karriere widmen, die sehr erfolgreich verlief. Die Ehe allerdings ging weniger gut. Herr Dr. D. verliebte sich in eine junge Frau und ließ sich scheiden.

Für Anke D., mittlerweile 40, sah die Bilanz nach 15 Jahren Ehe deprimierend aus: Mit ihrem Studium kann sie nicht viel anfangen, sie hat ihren Beruf nie ausgeübt und den Anschluß verpaßt. Im Vertrauen auf die Beständigkeit ihrer Ehe kümmerte sie sich nicht um Geld, hatte auch selbst keines. Sie ging selbstverständlich davon aus, daß sie an den Vermögenswerten ihres Mannes beteiligt würde. Natürlich ist sie das auch, sofern ihr Mann seine Vermögensverhältnisse offenlegt und nichts zur Seite geschafft hat.

Aber Herr Dr. D., mittlerweile schon wieder mit der Gründung einer Familie befaßt, hat kein allzu großes Interesse, das Vorhandene bis auf den letzten Pfennig zu teilen. Und Anke D., die sich während ihrer Ehe nie um die Verwaltung der Finanzen gekümmert hat, kann leider nicht belegen, wo das ganze Geld geblieben ist!

Der Fall von Anke D. ist, wie die Alltagserfahrung lehrt, keineswegs selten. Und er nimmt nicht wunder, wenn man die Einstellungen von Männern und Frauen zu Beruf und Familie kennt: Nach dem Datenreport des Statistischen Bundesamtes von 1997 sind 53 % aller Männer im Westen und 27 % aller Männer im Osten der Auffassung, daß es für alle Beteiligten am besten sei, wenn der Mann voll im Berufsleben steht und die Frau zu Hause bleibt und sich um Kinder und Haushalt kümmert.

Aus dem Datenreport geht aber auch hervor, daß fast die Hälfte der Frauen im Westen (47 %) und 26 % der Frauen im Osten diese Auffassung durchaus teilen.

Aber nicht nur diese *äußeren* Gründe der Arbeitsorganisation schlagen sich in einer schlechteren Altersversorgung nieder. Frauen sind ja nicht nur Geringverdienerinnen. Frauen machen Karriere, Frauen sind selbständig, und Frauen erben. Aber auch Frauen die Geld haben, kümmern sich häufig zu spät und oft nicht ausreichend um ihre zusätzliche Absicherung im Alter. Und das hat *innere* Gründe:

Die Angst vor dem Alter

Ein ganz grundsätzliches Problem ist die Angst vor dem Alter, die zu einem großen Teil gesellschaftliche Ursachen hat. Alte Menschen, und besonders Frauen, werden in den Medien häufig als schrullig, gebrechlich und somit hilfsbedürftig, krank und einsam dargestellt. Offenbar ist dies auch das Bild alter Menschen, das noch immer in vielen Kinder- und Schulbüchern vermittelt wird. Und die Werbung zeigt uns ältere Menschen meist in Verbindung mit Ginseng-Tonikum, Haftcreme für die dritten Zähne, Schonkaffee und neuerdings sogar Windeln. Demnach ist also *Alter* eine Lebenszeit, die überwiegend von Defiziten geprägt ist.

Darüber hinaus empfinden viele Frauen das Älterwerden als einen Verlust an Attraktivität, ja als persönliche Kränkung. Zahllose Witze über das Verschweigen und Verleugnen des Alters machen die Runde, und die Frage nach dem Alter gilt bei Frauen noch immer als Taktlosigkeit, wenn nicht gar als Ungezogenheit.

Noch vor ein paar Jahren sollte eine Nachrichtensprecherin an einer deutschen Fernsehanstalt abgelöst werden, weil sie mit gut 50 Jahren zu alt und deshalb dem Publikum angeblich nicht mehr »zumutbar« war. Ihre männlichen Kollegen dagegen durften und dürfen fast noch im Greisenalter das deutsche Volk über die Ereignisse zu Hause und in der Welt informieren.

Schön ist, wer jung aussieht. So vermitteln es uns die Medien, allen voran die Werbung. Dies gilt allerdings hauptsächlich für Frauen. Oder haben Sie schon mal einen Werbespot mit folgendem Inhalt gesehen?

Sommer, Sonne, Strand. Dem Meer entsteigen zwei auf den ersten Blick annähernd gleichaltrige Männer mit Surfbrettern unterm Arm. Der eine fragt den anderen: »Sag mal, Dad, was machst du, damit deine Haut so glatt und straff bleibt?« »Ja, Junior, ich verrat' dir mein Geheimnis. Wenn du in meinem Alter noch eine schöne, glatte Haut haben willst, dann mußt du dich täglich mit der Body-milk ›tough boy of trocadero‹ eincremen, und du kannst nicht früh genug damit anfangen.« »Danke, Dad! Das und nichts anderes ist das Geheimnis?« »Sure, Boy!«

Bei Männern käme uns solch eine Werbung absurd vor. Bei Frauen ist sie gang und gäbe. Wenn es also erstrebenswert ist, daß eine Mutter so aussieht wie ihre Tochter, wenn Altsein schrecklich ist und Angst macht, dann ist es nur konsequent, den Gedanken ans Älterwerden und an das Alter zu verdrängen. Und damit leider auch den Gedanken an die finanzielle Absicherung im Alter.

Die vermeintliche Absicherung über den Partner

Auch heute noch ist bei vielen Frauen die Meinung weit verbreitet, sie seien über ihren Ehemann ausreichend versorgt. Sie sehen nicht, daß die gesetzliche Höchstrente selbst für einen Mann, der 45 Jahre gearbeitet und sehr gut verdient hat, nur ca. 4000 DM beträgt. Und sie wollen nicht wahrhaben, daß sie im Falle seines Todes ohnehin nur 60 % dieser Rente als Witwenrente erhalten. (Zudem stehen einige Reformen der gesetzlichen Rentenversicherung ins Haus, über die geplant ist, die Hinterbliebenenrente zu reduzieren und allmählich ganz abzuschaffen.)

Im Falle einer Scheidung hat zwar jede Frau über den Versorgungsausgleich Anteil an der gesetzlichen Rente ihres Mannes. Aber dieser Anteil ist in der Regel »zum Sterben zu viel und zum Leben zu wenig«. Arbeitet ein Mann beispielsweise 45 Jahre lang und verdient »nur« ein durchschnittliches Gehalt, beträgt sein späterer Rentenanspruch 2144,25 DM (Stand 1999). Dauerte die Ehezeit 20 Jahre und hat die Frau in dieser Zeit keine eigenen Ansprüche erworben, bekommt sie durch den Versorgungsausgleich von ihm 476,50 DM übertragen.

Weiß nun aber eine Frau dies alles und will sie anfangen, sich selbst eine eigene Altersversorgung aufzubauen, dann hört sie sehr oft von ihrem Partner: »Das brauchst du nicht, du hast ja mich, Liebling.« Und tatsächlich haben die meisten Männer mindestens eine, manchmal sogar zwei oder drei Lebensversicherungen, die nicht nur Kapital bilden, sondern auch im Falle seines Todes die Ehefrau versorgen sollen. Wenn die Ehe bis zum Rentenalter hält, ist das kein Problem, dann können sich beide über die hohen Auszahlungen aus den Lebensversicherungsverträgen freuen.

Im Scheidungsfalle allerdings wird's für Frauen kritisch. Bei der dann anstehenden Vermögensauseinandersetzung werden auch die Lebensversicherungsverträge geteilt. Ein

Lebensversicherungsvertrag aber ist auf eine lange Laufzeit ausgerichtet. In den ersten Jahren fällt durch die Kostenbelastung kaum ein Gewinn an. Erst im Laufe der Jahre wirkt sich der Zinseszinseffekt aus, und am Ende der Laufzeit winken gar dicke Schlußgewinne als »Belohnung« fürs Durchhalten.

Ist also eine Lebensversicherung auf den Namen des Mannes abgeschlossen und kommt es während der Laufzeit zur Scheidung, erhält die Frau nur ihren Anteil an dem noch nicht besonders hohen Rückkaufswert. Kommt es zur Trennung und geht der Ex-Mann eine neue eheliche Gemeinschaft ein, sieht es für die Frau bei seinem Ableben trübe aus: In Lebensversicherungsverträgen heißt es nämlich unter »Bezugsberechtigung« im Todesfall schlicht: »der in gültiger Ehe lebende Ehegatte«. Das bedeutet, das Bezugsrecht im Todesfall endet für die erste Ehefrau dann, wenn die Scheidung rechtskräftig ist. Sie hat dann die mageren Jahre in der Lebensversicherung mitgetragen, die fetten Jahre kommen ihr aber nicht mehr zugute.

Jede Frau sollte deshalb ihren Mann veranlassen, für sie in seine Versicherungsverträge das »unwiderrufliche Bezugsrecht« eintragen zu lassen. Nur dann erhält sie im Falle seines Todes auch nach einer Scheidung das Geld. Dieses »unwiderrufliche Bezugsrecht« kann nur mit dem Einverständnis der Frau verändert werden.

Die Angst vor Eigenverantwortung und Autonomie

Gott sei Dank werden sie immer weniger, die Frauen, die sich davor scheuen, ihr Leben und ihre wirtschaftliche Existenz selbst in die Hand zu nehmen und eigenverantwortlich zu gestalten. Aber es gibt sie noch. Gründe, sich nicht mit Existenzsicherung und Altersversorgung zu beschäftigen, finden sich immer. Der Phantasie und dem Einfallsreichtum sind bei diesem Thema keine Grenzen gesetzt.

Hier sind die bemerkenswertesten und häufigsten Abwehrstrategien:

– *die altkatholische*

Diese Art der Abwehr ist in einigen Gegenden Deutschlands, zum Beispiel in Bayern, noch recht verbreitet. Sie beruht auf dem Glauben, daß die Ehe ein Sakrament und unauflöslich sei, außer wenn der Papst persönlich die Scheidung genehmigt. (Das macht er allerdings nur sehr selten, und dann auch nur bei kinderlosen Blaublütigen.) Demnach ersetzt ein Ehemann eine gute und ausreichende Altersversorgung vor allem dann, wenn die Ehe nicht kinderlos bleibt und der Ehemann die altkatholische Auffassung von der Unauflöslichkeit der Ehe ebenfalls teilt.

Dieser sehr traditionellen Einstellung widerspricht, daß mittlerweile jede dritte Ehe geschieden wird, in Großstädten sogar jede zweite.

– *die hedonistische*

Manche Frauen haben die Lebensmaxime »Heute will ich gut leben, wie es in zwanzig Jahren aussieht, interessiert mich jetzt nicht«. Sie erinnern mich an die Grille in der berühmten Fabel »Die Grille und die Ameise« von La Fontaine. Dort verbrachte die Grille ihre Tage damit, zu musizieren, zu singen und sich ihres Lebens zu freuen. Die Ameise hingegen war den ganzen Sommer über fleißig bei der Arbeit. Korn für Korn schleppte sie nach Hause, um ihre Vorratskammer für den Winter zu füllen.

Wie die (zugegeben etwas moralinsaure) Geschichte ausging, können Sie sich denken! Die fleißige Ameise hatte im Winter genug zu essen, die Grille mußte hungern und frieren und von ihren Erinnerungen an den schönen Sommer zehren.

– die naive

»Und als es so dastand und gar nichts mehr hatte, da fielen auf einmal die harten, blanken Taler vom Himmel«, heißt es so schön in dem Märchen vom »Sterntaler«. Viele Frauen denken natürlich nicht bewußt, daß sie nur ihr Schürzchen aufhalten müssen, um ausgesorgt zu haben. Dafür sind sie zu gescheit. Aber unbewußt verhalten sie sich entsprechend. In geradezu kindlichem Vertrauen auf eine Lösung, die zur rechten Zeit vom Himmel fällt, drücken sie sich vor jeder Vermögensbildung. Wie zum Beispiel Regine Z.: Sie ist 53 und alleinstehend. Mit ihrer Rente wird sie zwar ihre Kosten decken können, zu einem einigermaßen guten Leben aber wird sie nicht reichen.

– die pessimistische

»Ich möchte mein Geld nicht lange anlegen, vielleicht habe ich ja in fünf Jahren Krebs«, sagt Johanna F. und parkt ihr Geld seit Jahren auf schlecht verzinsten Festgeldkonten. Auf so ein Argument läßt sich beim besten Willen nichts entgegnen. Freilich kann jede von uns in zwei, fünf oder mehr Jahren solch ein Schicksalsschlag treffen. Aber mit ihm zu rechnen und ihn als Konstanta in die eigene Lebensplanung einzubauen, halte ich für absurd und ist eher psychologisch als rational zu begründen.

– die esoterische

Wer wirklich braucht, dem wird gegeben, ist hier das Leitmotiv. Es heißt demnach nicht mehr »ich bin über meinen Mann versorgt«, sondern »ich muß nur Vertrauen haben, dann wird für mich gesorgt«, von wem auch immer. Die Verantwortung wird hier also nicht einem Partner übertragen, sondern dem Schicksal, dem Karma. Die Auswirkung allerdings ist die gleiche.

– die bescheidene

»Im Alter braucht man viel weniger Geld. Außerdem habe ich keine großen Ansprüche, ich kann auch von wenig Geld leben.« Bei dieser Einstellung fällt mir immer eine knallharte Werbung der Dresdner Bank ein, die eine Zeitlang überall zu lesen war: »40 Jahre haben Sie alles versucht: Bananendiät, Traubendiät, Nulldiät ... Und plötzlich klappt's – mit der Rente.«

– die desinteressierte

»Ich habe so gar kein Verhältnis zu Zahlen, deshalb interessiert mich auch das Thema Geldanlage überhaupt nicht. Und außerdem ist mir Geld nicht so wichtig.« Diese Art der Abwehr ist besonders bei Frauen in sozialen Berufen sehr verbreitet. Diese Berufsgruppe arbeitet hart, oft mit Randgruppen und all den Gescheiterten dieser Wohlstandsgesellschaft, und verdient dabei sehr wenig. Gerade sie müßten sich also brennend dafür interessieren, wie sie ihr Geld vermehren und ein Leben in Armut vermeiden können. Leider ist dem ganz und gar nicht so.

– die arrogante

»Ich will mich nicht dauernd mit Geld beschäftigen, ich habe Wichtigeres zu tun«, ist hier der Standardspruch. Aber: Am meisten beschäftigen sich die Menschen mit Geld, die keines haben, denen Geld zwischen den Fingern zerrinnt, deren Konto ständig überzogen ist, bei denen jede Anschaffung zum Problem wird. Eines steht fest: Wenn Sie sich ein sattes Finanzpolster geschaffen haben und sich darauf ausruhen können, müssen Sie sich ganz gewiß nicht ständig mit Geld beschäftigen.

– die ignorante

»Nein, nein«, sagt Sabine D. »Ich lasse mir die gesetzliche Rente gar nicht erst ausrechnen. Es interessiert mich nicht, wie viel oder wie wenig Rente ich bekomme. Vielleicht fällt die gesetzliche Rente ja geringer aus, als ich denke. Das werde ich dann schon noch rechtzeitig sehen. Und außerdem hat meine Mutter oft genug gesagt ›Immer wenn du meinst, es geht nicht mehr, kommt von irgendwo ein Lichtlein her‹.« 75 % der Frauen zwischen 18 und 59 wissen nicht, wie hoch ihre gesetzliche Rente einmal ausfallen wird (EMNID-Untersuchung 1997).

– *die kleinmütige*
»Die Zeiten sind so unsicher, da kann ich doch mein Geld nicht längerfristig anlegen«, meint Sibylle K. Nun, die Zeiten werden nicht sicherer und ruhiger, wenn Sie Ihr Geld auf einem Festgeldkonto oder Sparbuch vor sich hindümpeln lassen. Außerdem: Politische und wirtschaftliche Krisen gibt und gab es immer.

Ob nun die Abwehr gegen eigenverantwortliches Handeln und selbstbestimmtes Leben einen naiven oder esoterischen, einen irrationalen oder einen anderen Hintergrund hat, die Konsequenzen sind immer die gleichen: zu wenig Rente, kaum eigenes Vermögen und letztendlich Angewiesensein auf andere oder auf den Staat.

Die Angst vor Festlegung und Risiko

Frauen möchten über ihr Geld gerne jederzeit verfügen, und sie bevorzugen eher risikoarme Geldanlagen. Das heißt, auf lange Sicht machen Frauen zu wenig aus den ihnen zur Verfügung stehenden Geldmitteln, obwohl gerade dies aufgrund der vorher geschilderten Situation dringend erforderlich wäre.

Im Herbst 1997 stellte das Meinungsforschungsinstitut EMNID im Auftrag der AEGON-Versicherung Frauen in allen denkbaren Lebenssituationen, mit unterschiedlicher Schulbildung, mit unterschiedlichen Berufen etc. folgende Frage:

»Bitte sagen Sie, wie Sie die Ihnen bekannten Möglichkeiten der privaten Altersvorsorge auf einer Schulnotenskala von 1 bis 6 im Hinblick auf leichte Verständlichkeit, Sicherheit und Renditemöglichkeit, d. h. Aussicht auf hohe Erträge, beurteilen. Eine ›1‹ bedeutet ›sehr gut‹ …«

43,5 % gaben dem Sparbuch die Note 1
11,8 % dem Bausparvertrag
6,9 % der Rentenversicherung.
6,7 % der Kapital-Lebensversicherung
4,6 % den Investmentfonds
3,9 % den Aktien

Das heißt: Fast jede zweite Frau hält das Sparbuch für die beste Altersversorgung, gefolgt in einigem Abstand vom Bausparvertrag. Der Anteil der Frauen mit Abitur und Hochschulstudium beträgt dabei 51,6 % und ist der höchste!

Jederzeit verfügbares und risikolos angelegtes Geld aber bringt wenig Rendite. Ein Vermögen für die ausreichende Absicherung im Alter ist damit nicht aufzubauen.

Nach meiner Erfahrung hat sich allerdings in den letzten Jahren die Einstellung der Frauen zu ändern begonnen. Trotz der geradezu erschreckenden Zahlen dieser repräsentativen Studien ist ein bemerkenswerter Wandel erkennbar. Waren noch vor zehn Jahren junge Frauen kaum aufgeschlossen für das Thema Altersversorgung, so hat sich heute, durch die öffentliche Diskussion über die Zukunft der gesetzlichen Rentenversicherung, eine große Bewußtseinsveränderung vollzogen.

»Ich will ja vorsorgen, weiß aber bloß nicht, wie«

Auch im Denken junger Frauen ist mittlerweile stark verankert, daß die gesetzliche Rente zum sorglosen Leben im Alter keinesfalls reichen wird, daß eine Partnerschaft keine ausreichende Altersversorgung ist, daß das Leben immer länger dauert, daß also immer mehr und immer länger Geld benötigt wird.

Doch der Schritt vom Bewußtsein zum Handeln ist offenbar groß. Und so sagen Sie jetzt vielleicht auch:

»Aber ich bin ja durchaus bereit, für mein Alter vorzusorgen. Nur, wie komme ich denn zu meinem Vermögen im Alter? Es gibt so viele Möglichkeiten, welche ist die richtige?

Ist es die Lebensversicherung, und wenn ja, wie soll sie aussehen? Oder sind Aktien und Aktienfonds die bessere Alternative? Und wenn ja, soll es ein Fonds mit deutschen oder europäischen Aktien sein oder ein weltweit anlegender? Und worauf muß ich beim Fondskauf achten? Oder soll ich lieber alles, was ich habe, für eine Immobilie einsetzen? Immobilien waren doch immer eine gute Geldanlage! Aber kann ich es mir leisten, mich dafür zu verschulden?«

Verwirrung und Unsicherheit sind sehr groß, das weiß ich aus meiner langjährigen Beratungserfahrung. Und das ist auch kein Wunder.

Noch vor zehn Jahren war der Kapitalanlagemarkt für NormalanlegerInnen relativ übersichtlich: Die Mehrheit der Bevölkerung besaß festverzinsliche Wertpapiere, Sparbriefe und Sparbücher, dazu Lebensversicherungen und Bausparverträge. Einige hatten Immobilien, und die Wohlhabenderen besaßen dazu noch Aktien. Investmentfonds waren kaum bekannt. Geld hatte man oder auch nicht. Hatte man's, war die Anlage relativ einfach. Über Geld wurde kaum gesprochen.

Heute sind Aktienkurse und der Stand des Dollars Bestandteile jeder Nachrichtensendung. Die Auflagen der Wirtschaftszeitschriften sind von 871 850 Exemplaren Ende 1990 auf 3 342 710 Ende 1998 gestiegen. Beinahe jede Frauenzeitschrift hat eine Seite, auf der regelmäßig über Geldanlagen berichtet wird.

VerbraucherInnen sind aufgeklärter denn je, das ist die positive Seite. Die negative ist, daß AnlegerInnen überflutet werden mit Informationen über Angebote unterschiedlichster Art. Ständig kommen neue Produkte mit großem Werbeaufwand auf den Markt, deren Qualität nicht auf den ersten Blick zu erkennen und deren Risiko nicht einzuschätzen ist. Der Markt ist also trotz vielseitiger Information für GeldanlegerInnen nicht überschaubarer geworden. Deshalb will ich auf den folgenden Seiten Licht in das Anlage-Dunkel bringen.

Die drei Säulen der Altersversorgung

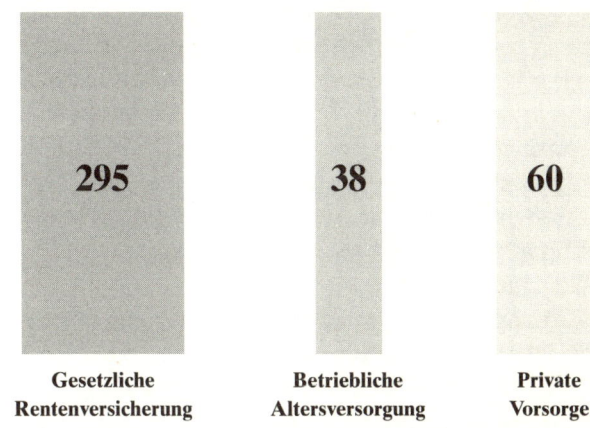

Die drei Säulen der Altersversorgung
Leistungen in Mrd. DM 1995

295	38	60
Gesetzliche Rentenversicherung	**Betriebliche Altersversorgung**	**Private Vorsorge**

Die Bedeutung der privaten Vorsorge zur Absicherung des Lebensstandards im Alter nimmt zu. Die gesetzliche Rentenversicherung kann keine Vollversorgung mehr bieten.

Die erste Säule: Die gesetzliche Rentenversicherung

Schon im Jahre 1697 beschäftigte sich der große Mathematiker und Philosoph Gottfried Wilhelm von Leibniz mit der Idee einer vom Staat getragenen Zwangsversicherung. Jeder sollte beitragspflichtig sein, um im Notfall und im Alter Hilfe zu erhalten. Leibniz entwickelte darüber hinaus die mathematische Grundformel für die Zinseszinsberechnung, mit deren Hilfe Rentenberechnungen überhaupt erst möglich wurden. Aber obwohl er seine Idee bis in praktische Einzelheiten ausarbeitete, stieß er zur damaligen Zeit auf wenig Interesse.

Nahezu zeitgleich entwickelte in England Daniel Defoe (der später mit seinem Roman »Robinson Crusoe« berühmt wurde) das Projekt einer staatlichen Versicherung, die das ganze Volk umfassen sollte. Auch seine Idee war bahnbrechend: »Jedermann sollte in der Zeit seiner Gesundheit und Jugendkraft einen kleinen, unbedeutenden Teil seines Verdienstes sicheren Händen anvertrauen und ihn als Unterstützungsfonds für sich selbst liegenlassen, bis er durch Alter oder Unfall unfähig geworden ist, für sich zu sorgen.« Sehr treffend stellte er schon damals fest: »Mancher Mensch hat weniger Klugheit als ein Tier und denkt nicht ans Alter, bis es da ist.«

In England und Deutschland dauerte es dann aber noch fast zweihundert Jahre, bis der Gedanke einer Versicherung für alle verwirklicht wurde.

Im 19. Jahrhundert zerstörte die Industrialisierung die bäuerlichen Strukturen in Deutschland. Das soziale Elend in den industriellen Ballungszentren, vor allem im Ruhrgebiet und in Berlin, führte zum Erstarken der Sozialdemokratie. Der konservative Reichskanzler Bismarck unternahm deshalb den Versuch, die sozialen Verhältnisse zu verbessern, um der Sozialdemokratie den Wind aus den Segeln zu nehmen.

Unter dem Einfluß der Ideen Bismarcks erließ der Reichstag zunächst das Krankenversicherungsgesetz (1883), dann das Unfallversicherungsgesetz (1884) und schließlich am 22. Juni 1889 das »Gesetz, betreffend die Invaliditäts- und Altersversicherung«.

Um es nochmals mit aller Deutlichkeit zu sagen: Die Sozialgesetzgebung am Ende der Bismarckschen Zeit als

Reichskanzler hatte den Machterhalt für Adel und Bürgertum als Wurzel und nicht humanitäre oder altruistische Motive. Übrigens, auch das Verbot der Kinderarbeit entsprang nicht nur dem sozialen Gedanken, sondern kam auch den Forderungen der Militärs nach, die einen Mangel an wehrtauglichen jungen Männern befürchteten.

Das Gesetz zur Rentenversicherung sah vor, daß jeder einen Anspruch auf eine Alters- oder Invalidenrente hatte, der als Arbeiter, Gehilfe, Geselle oder Dienstbote gegen Lohn beschäftigt war. Von der Rente allein konnte aber damals niemand leben, denn dafür war sie viel zu niedrig. Die Rentenversicherung hatte auch nicht das Ziel, die Lebenshaltungskosten abzudecken, sie sollte nur einen Sockel, ein Fundament schaffen. Die meisten RentnerInnen blieben auf die Unterstützung durch ihre Familie angewiesen oder darauf, daß sie auch noch im hohen Alter dazuverdienten. Das Alter des Rentenbeginns von damals 70 Jahren erreichten allerdings nur wenige.

Fast von Anfang an novellierte der Reichstag, später dann der Bundestag in unregelmäßigen Abständen die Rentenversicherung. Erst schuf er die Hinterbliebenenrente, senkte dann 1916, mitten im Ersten Weltkrieg, das Rentenbeginnalter auf 65 Jahre ab, erhöhte und senkte die Sozialversicherungsbeiträge und die Renten selbst entsprechend den jeweiligen wirtschaftlichen und politischen Verhältnissen.

Eine entscheidende und tiefgreifende Veränderung der Sozialversicherung beschloß der Deutsche Bundestag mit der großen Rentenreform von 1957. Der Grundgedanke dieser Reform war, daß der Lebensstandard mit dem Eintritt ins Rentenalter nicht sinken sollte. Zum ersten Mal in der Geschichte wurden die Rentner ausreichend versorgt. Voraussetzung dafür war die dynamische Rente, d. h. die Rente wurde an die Entwicklung der Löhne und Gehälter gebunden.

So wie Bismarck mit der von ihm – gegen starke Widerständer der eigenen Parteigänger – geschaffenen Sozialversicherung versucht hat, der Sozialdemokratie das Wasser abzugraben, so sah Bundeskanzler Konrad Adenauer 1957 darin ein Mittel, die »kommunistische Gefahr« einzudämmen. Und er war damit erfolgreicher als vor ihm Bismarck.

Wie sich das System der gesetzlichen Rentenversicherung weiter entwickeln wird, darüber läßt sich nur spekulieren. Die steigende Lebenserwartung der Menschen und damit die starke Zunahme der Zahl der RentnerInnen werden Stabilität und Qualität unseres Rentensystems mehr und mehr in Frage stellen. Soviel scheint aber sicher: Die Sozialversicherung wird jetzt und in Zukunft wieder nur einen Teil des Lebensunterhalts im Alter abdecken, zwar einen wichtigen, aber sicherlich keinen ausreichenden. Die RentnerInnen werden also – wie ursprünglich konzipiert – einen Teil ihres Geldbedarfs aus anderen Quellen beziehen müssen, aus Arbeit, aus einer privaten Altersversorgung oder aus der Unterstützung durch ihre Kinder.

Wer zahlt ein?

Alle sozialversicherungspflichtig Beschäftigten und einige Selbständige (z.B. Hebammen, HandwerkerInnen, seit 1999 auch die sogenannten arbeitnehmerähnlichen Selbständigen) sind pflichtversichert, das heißt, sie sind gezwungen, Beiträge in die gesetzliche Rentenversicherung einzuzahlen.

19,5 % des Bruttolohns (Stand April 1999) werden als Pflichtbeitrag abgeführt. Allerdings nur bis zu einem Bruttoeinkommen von 8500 DM, das ist die sogenannte Beitragsbemessungsgrenze. Wer mehr verdient, zahlt für das Mehreinkommen keine Rentenbeiträge, sondern nur noch Steuern.

Einige Berufsgruppen, wie z.B. Anwälte, Architekten, Ärzte, Apotheker, haben eigene berufsständische Versorgungswerke, in denen sie pflichtversichert sind. Die Altersrenten aus den Versorgungswerken werden, anders als bei der gesetzlichen Rentenversicherung, ausschließlich vom eingezahlten Beitrag bestimmt. Wer also viel verdient und viel einzahlt, hat Anspruch auf eine hohe Rente. Die Leistungen der berufsständischen Versorgungswerke entsprechen in etwa denen von guten Lebensversicherungen.

Selbständige Künstler und Publizisten sind ebenfalls pflichtversichert. Ihre Beiträge werden über die Künstlersozialkasse in die gesetzliche Rentenversicherung eingezahlt. Der Vorteil für diese Berufsgruppe: Sie muß nur den halben Beitrag zur Renten- und Krankenversicherung entrichten. Die andere Hälfte übernimmt die Künstlersozialkasse (und damit letztlich der Bund).

Dabei ist die Berufsbezeichnung »Künstler und Publizisten« ziemlich weit gefaßt. Auch Discjockeys und KomponistInnen, SchriftstellerInnen, GrafikerInnen und OpernsängerInnen können sich in der Künstlersozialkasse versichern.

Die Leistungen

Wenn ein durchschnittlicher Verdiener 45 Jahre lang in die gesetzliche Rentenversicherung einzahlt, erhält er nach heutigem Stand eine Rente von rund 2100 DM. Die durchschnittliche Rente für Frauen liegt dagegen bei rund 1000 DM.

Die gesetzliche Höchstrente nach 45 Versicherungsjahren liegt derzeit bei rund 4000 DM und wird nur dann erreicht, wenn jemand 45 Jahre lang Höchstsätze eingezahlt hat. Aber welche Frau hat das schon?

Die Aussichten

Die gesetzliche Rentenversicherung basiert auf dem sogenannten Generationenvertrag. Das heißt, die jeweils arbeitende Generation finanziert mit ihren Beiträgen zur gesetzlichen Rentenversicherung die aktuellen Bezüge der jeweiligen Rentnergeneration. Das Geld, das Sie einzahlen, wird also nicht für Sie angelegt, wie dies z.B. bei Lebensversicherungen der Fall ist. Das eingezahlte Geld wird vielmehr sofort wieder an die heutigen RentnerInnen weitergegeben. Das nennt man deshalb auch das »Umlageverfahren«.

Daß das staatliche Rentensystem so nicht mehr auf Dauer funktionieren kann, ist seit langem erkennbar. Die gesetzliche Rentenversicherung steckt in einer tiefen Krise: In den westlichen Industrieländern werden die Menschen immer älter, das bedeutet, sie beziehen immer länger Rente. In etwa 30 Jahren, sagt die Statistik, wird jeder dritte Deutsche über 60 Jahre alt sein! Dazu kommt, daß immer weniger Kinder auf die Welt kommen, daß viele junge Leute – oft bedingt durch lange Ausbildungszeiten oder Arbeitslosigkeit – erst spät berufstätig werden. Und schließlich belastet das System der Rentenversicherung ganz erheblich, daß immer mehr Menschen im erwerbsfähigen Alter arbeitslos werden, nur geringfügig beschäftigt sind oder sich selbständig machen.

In den »Rententopf« wird also immer weniger eingezahlt, es wird aber immer länger daraus entnommen.

Fazit

Recht haben sie, die Politiker! Die gesetzliche Rentenversicherung ist sicher! Daß Sie im Alter eine staatliche Rente erhalten werden, bestreitet niemand. Wie aber sieht es mit der *Höhe* Ihrer künftigen Rente aus?

Wieviel Rente Sie später erhalten werden, kann Ihnen heute niemand sagen. Vielleicht gibt es in zehn Jahren nur noch eine Grundrente für alle. Oder Deutschland übernimmt das Schweizer Modell. Dort beträgt die Mindestrente 1000 Schweizer Franken, die Höchstrente liegt bei 2000 Schweizer Franken, egal, wieviel eingezahlt wurde.

Die zweite Säule:
Die betriebliche Altersversorgung

Schon um 1850 haben die ersten Unternehmen in Deutschland eine zusätzliche Altersversorgung für ihre Mitarbeiter angeboten. Damit hat die betriebliche Altersversorgung sogar eine noch längere Tradition als die gesetzliche Rentenversicherung, die 1879 eingeführt wurde.

Die heutige Situation

Die betriebliche Altersversorgung ist eine freiwillige Sozialleistung des Arbeitgebers. Die Zusage ist allerdings an einige Bedingungen geknüpft: Eine Betriebsrente gibt es nur dann, wenn der einzelne Arbeitnehmer mindestens zehn Jahre im Unternehmen gearbeitet und das 35. Lebensjahr vollendet hat. Ob das noch zeitgemäß ist, ist fraglich. Denn bei fast 60 % aller ArbeitnehmerInnen, die aus einem Betrieb ausscheiden, verfallen die Versorgungsansprüche (Stand 1992).

Es gibt verschiedene Formen der betrieblichen Altersversorgung:

Die »echte« Direktversicherung

Sie ist die bekannteste und beliebteste Form der betrieblichen Altersversorgung, vor allem bei kleineren Betrieben. Die Direktversicherung ist eine normale Lebensversicherung. Vertragspartner der Versicherungsgesellschaft ist der Arbeitgeber. Er ist also »Versicherungsnehmer« und zahlt auch die Beiträge.

Die »versicherte Person« und damit der Leistungsempfänger ist der Arbeitnehmer. Für die Beiträge, die der Arbeitgeber zahlt, müssen keine Sozialabgaben entrichtet werden. Die Beiträge müssen auch nicht mit dem individuellen Steuersatz versteuert werden (z. B. 30 %), sondern nur mit einem Pauschalsteuersatz von 20 % zuzüglich der pauschalen Kirchensteuer.

Die Direktversicherung durch Gehaltsumwandlung

Bei dieser Form der Lebensversicherung zahlt nicht der Arbeitgeber die Beiträge. Vielmehr verzichten ArbeitnehmerInnen auf einen Teil ihres Gehalts. Dieser Gehaltsteil wird als Versicherungsbeitrag vom Arbeitgeber direkt an die Versicherungsgesellschaft überwiesen.

Die Beiträge aus Gehaltsteilen oberhalb der Beitragsbemessungsgrenze von 8500 DM sind sozialabgabenfrei. Die Beiträge aus Gehaltsteilen unterhalb der Beitragsbemessungsgrenze sind nur dann sozialabgabenfrei, wenn sie aus Sonderzahlungen (Weihnachtsgeld, Urlaubsgeld usw.) gezahlt werden.

Die Versicherung muß mindestens bis zum 60. Lebensjahr laufen. Höchstens 3408 DM im Jahr oder 284 DM im Monat können eingezahlt werden. Die Versicherung kann nicht beliehen werden.

Bei beiden Arten der Direktversicherung gibt es Steuervorteile: Die Beiträge zur Versicherung sind zwar für den / die ArbeitnehmerIn steuerpflichtiges Einkommen, der Beitrag wird aber nicht mit dem individuellen Steuersatz (z. B. 30 %) besteuert, sondern mit einem Pauschalsteuersatz von 20 %. Je höher der individuelle Steuersatz, desto höher ist die dadurch erzielte Steuerersparnis.

Pensionszusage (Direktzusage)

Hier sagt der Betrieb den Arbeitnehmern spätere Rentenleistungen zu. Sie werden nach Erreichen der Altersgrenze vom Arbeitgeber an die ausgeschiedenen ArbeitnehmerInnen oder deren Hinterbliebene ausgezahlt. Das kann in Form einer Rente oder auch als einmalige Kapitalabfindung geschehen.

Bei dieser Variante der betrieblichen Altersvorsorge trägt der Betrieb die gesamten Versorgungsleistungen aus eigenen Mitteln. Aus diesem Grunde ist sie in der Regel nur bei mittleren und größeren Unternehmen zu finden.

Besonders beliebt ist die Pensionszusage aber auch bei (kleinen) GmbHs. Denn die GesellschafterInnen, zumal wenn sie GeschäftsführerInnen sind, können sich eine Pensionszusage erteilen, die aus den Betriebsmitteln der GmbH finanziert wird. Macht eine GmbH gute Gewinne, werden zwei Fliegen mit einer Klappe geschlagen: Für den/die GesellschafterIn wird eine ansehnliche Altersversorgung aufgebaut, und die GmbH spart Steuern.

Pensionskassen

Das sind kleine Lebensversicherungsunternehmen, die zu großen Firmen oder Konzernen gehören. Auch mehrere Unternehmen einer Branche können eine gemeinsame Pensionskasse betreiben. Wie bei der Direktversicherung führt der Betrieb die Beiträge direkt an die Pensionskasse ab. Die Pensionskasse zahlt zum gegebenen Zeitpunkt die Leistungen an die Arbeitnehmer bzw. deren Erben aus. Pensionskassen lohnen sich wegen des hohen Verwaltungsaufwandes allerdings erst bei mindestens 1000 Beschäftigten.

Die Leistungen

Nur 16 % der Betriebsrenten von Männern und 5 % der Betriebsrenten von Frauen erreichen 1000 DM und mehr. Der Durchschnitt liegt bei 400 DM im Monat.

Die Aussichten

Auch dieser Teil der Altersversorgung bröckelt. Viele Unternehmen haben in diesem Bereich den Rotstift angesetzt. Wer neu in einer Firma anfängt, kann heute meist keinen Anspruch auf Betriebsrente mehr erwerben. Das hat vor allem zwei Gründe:

Die erhöhte Lebenserwartung wirkt sich auch bei Betriebsrenten gravierend aus. Die Renten müssen ja länger bezahlt werden. Die betriebliche Altersversorgung kostet also viel Geld. Zum anderen besteht angesichts hoher Arbeitslosigkeit kaum mehr eine Notwendigkeit für Unternehmen, über besondere soziale Leistungen die MitarbeiterInnen an den Betrieb zu binden.

Fazit
Die betriebliche Rente ist eine willkommene Ergänzung der gesetzlichen Rente. Ihre Versorgungslücke kann sie weder heute noch in der Zukunft ausgleichen.

Die dritte Säule:
Die private Altersvorsorge

Sie muß und sie wird an Bedeutung gewinnen, weil das System der gesetzlichen Rentenversicherung aller Wahrscheinlichkeit nach in Zukunft nur noch eine Grundversorgung bieten kann, aber auch weil die Leistungen der betrieblichen Altersversorgung bröckeln.

Auf den folgenden Seiten finden Sie die wichtigsten und sinnvollsten Bausteine für Ihre Altersversorgung, das sind festverzinsliche Wertpapiere, Aktien, Investmentfonds, Lebensversicherungen und Immobilien.

Festverzinsliche Wertpapiere (Rentenpapiere)

Unter dieser Bezeichnung finden Sie vor allem Pfandbriefe, Bundes- und Kommunalobligationen, Bundesschatzbriefe, Anleihen und Inhaberschuldverschreibungen. Die Papiere, ausgenommen Bundesschatzbriefe, werden an der Börse gehandelt.

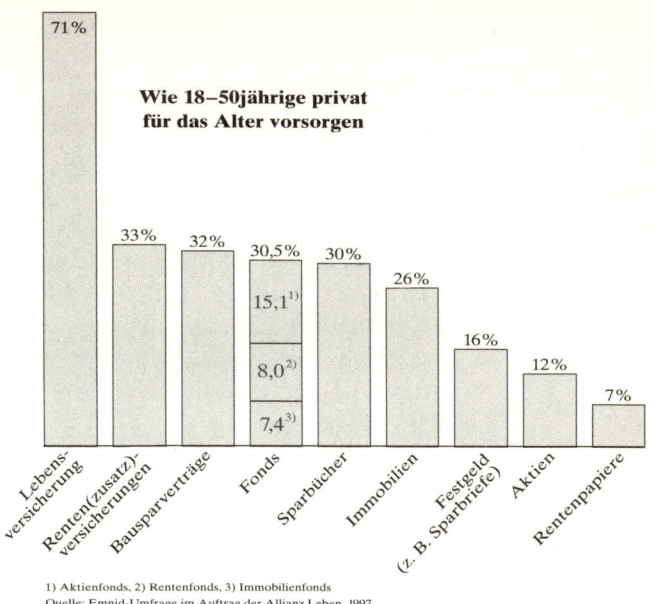

**Wie 18–50jährige privat
für das Alter vorsorgen**

- 71% — Lebensversicherung
- 33% — Renten(zusatz)versicherungen
- 32% — Bausparverträge
- 30,5% — Fonds (15,1[1], 8,0[2], 7,4[3])
- 30% — Sparbücher
- 26% — Immobilien
- 16% — Festgeld (z. B. Sparbriefe)
- 12% — Aktien
- 7% — Rentenpapiere

1) Aktienfonds, 2) Rentenfonds, 3) Immobilienfonds
Quelle: Emnid-Umfrage im Auftrag der Allianz Leben, 1997

Festverzinsliche Wertpapiere werden auch »Rentenpapiere« genannt, und der Markt dafür heißt »Rentenmarkt«. Dabei haben diese Papiere mit einer »Rente« gar nichts zu tun. Vermutlich geht die Bezeichnung »Rentenpapiere« zurück auf einen Etikettenschwindel zu der Zeit, als es den Christen verboten war, Zinsen für ein Darlehen zu nehmen. Das war im 14. und 15. Jahrhundert. Dieses Zinsverbot behinderte das Kreditwesen erheblich, denn wer verleiht schon gerne Geld, ohne eine Gegenleistung dafür zu bekommen. Aber wie so oft sind Verbote dazu da, umgangen zu werden. Und so bediente man sich eines Tricks: Zinszahlungen für Kredite wurden schlicht und einfach als Rentenzahlungen deklariert. Es konnte sich dabei um eine zeitlich befristete, aber auch um eine lebenslange Rente handeln.

Damals liehen sich Fürsten über die Ausgabe von Schuldscheinen Geld, um ihre Hofhaltung, ihre Schlösser, aber auch ihre Kriege zu finanzieren. Selbst Städte und sogar die katholische Kirche – Zinsverbot für Christenmenschen hin oder her – borgten sich Geld und boten dafür regelmäßige Rentenzahlungen.

Heute verschaffen sich der Staat, die Länder und Gemeinden, aber auch Banken und Industrie-Unternehmen über die Ausgabe von festverzinslichen Wertpapieren Geld, mit dem sie ihre vielfältigen Aufgaben erfüllen. Für das Geld, das sie sich auf diese Weise von AnlegerInnen leihen, zahlen sie einen Zins, der über die gesamte Laufzeit festgelegt ist (daher die Bezeichnung »festverzinslich«). Vorher festgelegt ist auch die Laufzeit. Sie kann fünf, zehn oder sogar 20 bis 30 Jahre betragen. Am Ende der Laufzeit erhalten Sie Ihr Geld zu 100 % zurück. Die Wertpapiere können aber auch während der Laufzeit jederzeit zum aktuellen Tageswert verkauft werden.

Und hier liegt ein Risiko, das häufig unterschätzt wird: Steigen nämlich die Zinsen während der Laufzeit, sinkt der Kurswert Ihrer Rentenpapiere, das heißt, Sie würden bei einem vorzeitigen Verkauf nicht mehr 100 % Ihres Geldes zurückbekommen, also einen Verlust machen. Warum das so ist, sehen Sie in folgendem vereinfachten Beispiel:

Frau Huber hat 1999 eine Anleihe mit einer Laufzeit von zehn Jahren und einem Zinssatz von 4 % für 10 000 DM erworben. Wegen eines finanziellen Engpasses muß sie nach zwei Jahren ihre Anleihe verkaufen. Inzwischen sind aber die Zinsen auf 5 % gestiegen. Frau Meier hat Interesse an der Anleihe, will aber natürlich keine 10 000 DM dafür bezahlen, weil sie ja für den Rest der Laufzeit nur 4 % statt 5 % Zinsen erhält. Um hier einen Ausgleich zu schaffen, wird an der Börse täglich der aktuelle Kurswert von Anleihen und anderen festverzinslichen Wertpapieren festgestellt. In unserem Beispiel wird der Preis, also der Kurswert der Anleihe von Frau Huber, auf

*9450 DM gesenkt. Frau Meier kauft nun die 4 %ige Anleihe,
für die sie am Ende der Laufzeit 10 000 DM erhält, für nur
9450 DM und kann den Kursgewinn von 550 DM, den sie dabei macht, steuerfrei kassieren.*

Aber kein Risiko ohne Chance: Sinken nämlich während
der Laufzeit Ihrer Rentenpapiere die Zinsen, dann haben
Sie die Möglichkeit, bei einem vorzeitigen Verkauf der Papiere einen Kursgewinn zu erzielen. Ihre Papiere sind dann
mehr wert. Sie würden also mehr als 100 % des eingesetzten
Geldes zurückbekommen. Hier wieder ein vereinfachtes
Beispiel:

*Frau Müller hatte 1992 eine 10jährige Anleihe für 10 000 DM
zum Zinssatz von 8,5 % gekauft. 1997 mußte sie ihre Anleihe
verkaufen. Inzwischen waren die Zinsen auf 5,5 % gesunken,
daher war die Anleihe von Frau Müller mit 8,5 % sehr be-
gehrt. Um einen Ausgleich zu schaffen, wurde der Preis, also
der Kurswert an der Börse, heraufgesetzt. Frau Müller kann
also ihre Anleihe statt zu 10 000 DM zu 11 250 DM verkaufen.
Und die Käuferin, Frau Schmidt, erhält zwar Jahr für Jahr
8,5 % Zinsen, bekommt aber am Ende der Laufzeit nur den
Nennwert, also 10 000 DM, für die Anleihe zurück, obwohl sie
11 250 DM dafür bezahlt hat.*

Behalten Sie Ihre Papiere bis zum Ende der Laufzeit, spielt
dies alles für Sie keine Rolle. Sie erhalten immer 100 % Ihres eingesetzten Geldes zurück.

Eine Ausnahme sind die Bundesschatzbriefe. Sie bringen
weder Kursverluste noch -gewinne, da diese Papiere nicht
an der Börse gehandelt werden. Es gibt immer, auch bei
Verkauf vor Ende der Laufzeit, 100 % des eingesetzten Geldes zurück.

Festverzinsliche Wertpapiere oder Rentenpapiere können Sie nicht nur von deutschen Schuldnern kaufen, sondern auch von ausländischen, zum Beispiel Staatsanleihen
von Ungarn, Mexiko oder Argentinien. Da Anleihen dieser

Länder nicht die gleiche Sicherheit bieten wie deutsche Anleihen, zahlen diese Länder höhere Zinsen. Als Anreiz sozusagen, sonst würde ja niemand dort investieren. Der höhere Zins ist also eine Risikoprämie!

Vorteile einer Anlage in festverzinslichen Wertpapieren
+ sichere Geldanlage mit marktgerechter Verzinsung
+ bequeme, pflegeleichte Anlageform
+ regelmäßige Zinszahlungen ein- oder zweimal jährlich
+ Möglichkeit des Kursgewinns, wenn die Zinsen sinken und die Papiere verkauft werden.

Nachteile
– keine überdurchschnittlichen Renditen möglich
– Zinsen müssen versteuert werden
– Möglichkeit des Kursverlustes, wenn die Zinsen steigen und die Papiere verkauft werden.

Meine Meinung
Festverzinsliche Wertpapiere sind eine der bekanntesten und beliebtesten Geldanlagen – zu Recht. Sie sind überschaubar: Jede Frau weiß, was sie wann und in welcher Höhe zurückbekommt. Besonders geeignet sind sie, wenn AnlegerInnen von den Zinseinnahmen leben müssen, beispielsweise im Rentenalter.

Für Anlegerinnen, die Kapital bilden möchten und müssen, die also die Zinsen nicht zum Lebensunterhalt benötigen, sind festverzinsliche Wertpapiere nicht oder nur bedingt geeignet – aus folgendem Grund: Sie bekommen die Zinsen ein- oder zweimal jährlich ausgezahlt. Nach meiner Erfahrung werden diese Zinsen meist nicht wieder angelegt, sondern verbraucht – für einen schönen Urlaub, ein besonderes Kleidungsstück. Damit aber aus Ihrem Geld Vermögen werden kann, müssen Zins und Zinseszins das Kapital vermehren.

Wenn Sie schon ein Depot mit festverzinslichen Wertpapieren besitzen, bleibt Ihnen trotzdem eine Möglichkeit: Zahlen Sie einfach konsequent die jährlichen Zinsen in einen Aktienfonds ein, oder »füttern« Sie damit eine private Rentenversicherung. Dann haben Sie den Effekt, den Sie benötigen.

Wichtig
- Denken Sie daran, daß der Zinsfreibetrag ab dem Jahr 2000 bei nur 3000 DM liegt. Wenn Sie mehr Zinsen erhalten, beteiligen Sie das Finanzamt an Ihren Erträgen. Sie sollten also nur soviel Geld in Rentenpapiere investieren, daß die Zinsen den Freibetrag nicht übersteigen.
- Kaufen Sie keine langlaufenden Rentenpapiere in Niedrigzinszeiten. Wenn die Zinsen wieder steigen, sitzen Sie auf Ihren Papieren und können diese nur mit Verlust vorzeitig verkaufen. In Niedrigzinszeiten sind Laufzeiten von drei bis vier Jahren sinnvoll.
- Daraus folgt: In Hochzinszeiten sollten Sie Rentenpapiere mit langen Laufzeiten kaufen. Sie haben dann den Zins über die gesamte Laufzeit sicher.
- Achten Sie auf die Bonität der Schuldner, also darauf, wie sicher das Land oder die Institution ist, dem oder der Sie Ihr Geld leihen. Hohe Zinszusagen nutzen Ihnen nichts, wenn Sie Ihr Geld vielleicht nicht mehr wiedersehen. Anleihen der Republik Ukraine brachten zwar zum Beispiel zeitweilig 16 % Zins. Die Gefahr aber, daß Sie weder Zinsen erhalten noch Ihr Kapital zurückbekommen, ist in diesem Fall sehr groß. Der überdurchschnittlich hohe Zins ist hier eine Zitterprämie! Schuldner bester Bonität wie die Bundesrepublik Deutschland zahlen zwar weniger Zinsen, dafür ist Ihr Geld dort aber sicher angelegt.

Aktien

»Na, wie stehen die Aktien?« Diese alte Begrüßungsfloskel kennen Sie sicher auch. Gemeint war damit immer die Frage, wie es den Angesprochenen geht, wie die Geschäfte florieren. Heute könnte dieser Gruß durchaus wörtlich gemeint sein.

Die Einführung der Telekom-Aktie hat die Einstellung der deutschen Bevölkerung zur Aktie geradezu revolutioniert. Ende der 80er Jahre waren nur ca. 5 % des gesamten Geldvermögens in Aktien oder Aktienfonds angelegt. Heute sind es mehr als 10 %!

Das grundsätzliche Interesse an Aktienanlagen, ob Einzelaktie oder Aktienfonds, ist enorm gestiegen. Und doch gibt es bei deutschen AnlegerInnen noch immer Berührungsängste, obwohl inzwischen bekannt ist, daß mit Aktien in der Vergangenheit über längere Zeiträume sehr gute Renditen zu erzielen waren. Erklärt wird die Distanz zur Aktie mit psychologischen Ursachen: Die Deutschen hätten durch die leidvollen Erfahrungen mit zwei Währungsreformen und einer Hyperinflation innerhalb weniger Jahrzehnte große Angst, ihr Geld zu verlieren. Deshalb würden deutsche AnlegerInnen eher risikolose Geldanlagen bevorzugen.

Das aber kann die Ursache für die Zurückhaltung gegenüber Aktienanlagen nicht sein. Gerade die bei den Deutschen so beliebten risikolosen Anlagen wie Sparbücher, Sparbriefe und festverzinsliche Wertpapiere verloren in den beiden Währungsreformen nahezu vollständig ihren Wert. Die Besitzer von Aktien hingegen waren von der vernichtenden Geldentwertung erheblich weniger betroffen. Ein Grund mehr, sich mit Aktien und deren Hintergrund vertrauter zu machen.

Der Ort, an dem Aktien gehandelt werden, ist die Börse. Um ihre Entstehung vor über 400 Jahren ranken sich einige schöne Geschichten. Am besten gefällt mir diese:

Van ter Buerse hieß eine Patrizierfamilie in Brügge. Die van ter Buerses waren geschäftstüchtig, und sie waren großzügig. So stellten sie ihr Haus durchreisenden Kaufleuten als Unterkunft zur Verfügung. Das hatte für die Familie van ter Buerse große Vorteile: Da es im Mittelalter keine Zeitungen gab, erfuhren sie auf diese Weise Wissenswertes aus aller Welt, und natürlich hörten sie dabei auch von günstigen Geschäften. Verbürgt ist, daß das Haus der Familie van ter Buerse im Laufe der Zeit ein großer Anziehungspunkt für Kaufleute wurde, die sich auf dem Platz vor dem Haus trafen, Neuigkeiten austauschten und Geschäfte machten. Daraus entstand im Jahre 1409 die erste Börse der Welt, an der Kaufleute aus vielen Ländern mit Waren und Wechseln handelten. Die Stadt Brügge wurde das Zentrum der Geld- und Wechselhändler.

Weitere Börsengründungen folgten in Lyon und Toulouse, in London und Amsterdam. In Deutschland entstanden die ersten Börsen in Augsburg und Nürnberg in der ersten Hälfte des 16. Jahrhunderts. Die bedeutendste deutsche Börse, die in Frankfurt a. M., wurde im 17. Jahrhundert gegründet. Die erste Börse aber, an der nicht nur konkrete Waren, sondern Wertpapiere gehandelt wurden, entstand 1602 in Amsterdam. Ebenfalls 1602 wurde in Amsterdam die erste Aktiengesellschaft der Welt gegründet, die Ostindische Kompanie.

Spekuliert werden kann an der Börse mit vielem: mit Aktien, mit festverzinslichen Wertpapieren, mit Kupfer, Gold oder mit Schweinehälften. Uns interessieren an dieser Stelle die Aktien. Das sind Wertpapiere, Anteilscheine am Kapital einer Aktiengesellschaft, wie z. B. von Siemens, der Deutschen Bank oder von VW. Mit der Ausgabe von Aktien verschaffen sich Aktiengesellschaften Eigenkapital. Die Inhaberin einer Aktie ist Miteigentümerin am Vermögen einer Aktiengesellschaft.

Die meisten an deutschen Börsen notierten Aktien haben einen Nennwert von 5 DM. (Der Nennwert ist die Zahl, die der Aktie aufgedruckt ist.) Wenn eine Aktiengesellschaft ein Grundkapital von 10 Millionen DM hat, das in 2 000 000 Aktien zu je 5 DM Nennwert aufgeteilt ist, dann haben Sie als Aktionärin mit einer Aktie im Nennwert von 5 DM eine Beteiligung von einem Zweimillionstel an diesem Unternehmen. Und damit haben Sie eine von zwei Millionen Stimmen auf der Hauptversammlung.

Gekauft werden Aktien aber nicht zum Nennwert, sondern zum Kurswert, der ein Vielfaches höher sein kann als der Nennwert. (Der Nennwert einer Siemens-Aktie beträgt zum Beispiel 5 DM, der Kurswert für Siemens-Aktien lag Anfang April 1999 bei 123 DM.) Der Kurswert wird bestimmt von Angebot und Nachfrage, von Erfolg und Mißerfolg der einzelnen Unternehmen, von der allgemeinen wirtschaftlichen Entwicklung und von innen- sowie außenpolitischen Ereignissen. Aber nicht nur diese Faktoren beeinflussen den Kurswert einer Aktie. Mindestens so entscheidend sind psychologische Faktoren wie zum Beispiel Hoffnungen auf künftige Gewinne oder Ängste vor möglichen Verlusten.

Einen Kursgewinn erzielen Sie, wenn Sie Ihre Aktie zu einem höheren Kurs verkaufen, als Sie sie gekauft haben. Der Kursgewinn ist steuerfrei, wenn Sie die Aktien mindestens ein Jahr in Ihrem Besitz hatten. Einen Kursverlust müssen Sie verbuchen, wenn Sie das Papier zu einem niedrigeren Kurs verkaufen, als Sie es gekauft haben.

Als Aktionärin erhalten Sie auf Ihre Anteile eine jährliche Gewinnausschüttung, die sogenannte Dividende. Im Gegensatz zu Zinsen bei festverzinslichen Wertpapieren steht die Dividende aber nicht fest. Erzielt die Aktiengesellschaft keinen Gewinn, kann die Dividende herabgesetzt werden oder auch ganz ausfallen. Sie kann aber natürlich auch erhöht werden.

Vorteile einer Investition in Aktien

+ inflationssichere Sachwertanlage
+ hohe Gewinnchancen
+ Steuervorteile – die Kursgewinne sind steuerfrei, wenn die Aktien mindestens ein Jahr in Ihrem Besitz waren. Nur die vergleichsweise geringen Dividenden müssen versteuert werden
+ Aktien sind eine liquide Anlage, sie können täglich zum Tageskurs verkauft werden.

Nachteile

– hohes Verlustrisiko
– Kursschwankungen, die beträchtlich sein können
– bei kleineren Anlagebeträgen keine ausreichende Streuung möglich
– Fachwissen und Zeitaufwand sind erforderlich.

Meine Meinung

Aktien sind eine interessante Kapitalanlage. Sie zählen zu den relativ krisensicheren, nicht inflationsgefährdeten Sachwertanlagen. Aktien sind aber auch Risikopapiere, d. h. die Gefahr starker Kursschwankungen ist immer gegeben.

Aktienanlagen gehören zu jeder langfristigen Vermögensplanung. Allerdings rate ich eher zu Aktien-Investmentfonds, da Sie sich hier nicht selbst mit der Auswahl von Aktien befassen müssen. Das Risiko, die falsche Aktie zur falschen Zeit gekauft oder verkauft zu haben, minimieren Sie mit einem guten Aktienfonds.

Kurzfristige, also rein spekulative Aktien-Engagements, sind zur Altersversorgung nicht geeignet. Sie müssen über beträchtliches Wissen, viel Zeit und viel Geld verfügen, wenn Sie hier erfolgreich sein wollen.

Wichtig

- Kaufen Sie Aktien nur bei einer Bank, auf keinen Fall bei dubiosen Telefonverkäufern.
- Betrachten Sie Ihre Aktien als langfristige Anlage. Sie sollten das in Aktien investierte Geld weder kurzfristig noch zu einem bestimmten Zeitpunkt benötigen.
- Erwarten Sie nicht, daß es Ihnen gelingt, zum tiefsten Kurs zu kaufen und zum höchsten Kurs zu verkaufen. Das kann niemand.
- Kaufen Sie keine Aktien auf Kredit. Dadurch erhöht sich Ihr Risiko, weil Sie weder die Entwicklung der Aktienkurse noch die Entwicklung der Kreditzinsen kennen. Wenn die Kurse fallen, wenn also der Wert Ihres Depots unter den Kreditbetrag sinkt, kann die Bank Ausgleich der Differenz, also eine Nachzahlung, verlangen.
- Wenn Sie Börsenneuling sind, dann halten Sie sich lieber an Standardwerte, also an die Aktien namhafter Unternehmen (die sogenannten Blue Chips). Spezialwerte, also die Aktien kleinerer und mittlerer Unternehmen, sind deutlich riskanter.

Investmentfonds

Auf internationale Aktien setzen, am Wachstum von Schwellenländern profitieren oder in Technologiewerte investieren. Das reizt Sie! Aber Sie haben nicht so viel Zeit, um sich ständig mit Ihrer Geldanlage befassen zu können, oder nicht die nötigen Kenntnisse, um auf Dauer erfolgreich zu sein. Und vielleicht haben Sie auch noch nicht genügend Geld, um eine gute Streuung zu erreichen. Wenn das alles auf Sie zutrifft, dann sind Investmentfonds die richtige Wahl für Sie!

Die ersten Investmentgesellschaften entstanden etwa um

1860 in England und Schottland. Im Gründungsprospekt des 1868 in England errichteten »Foreign and Colonial Government Trust« ist das Prinzip des Investmentsparens festgehalten, das im Grunde bis heute gültig ist: »Das Ziel der Gesellschaft ist es, den kleinen Sparern dieselben Vorteile zu verschaffen wie den Reichen, indem das Risiko durch Streuung der Kapitalanlage auf eine Anzahl verschiedener Aktien vermindert wird.«

In den USA nahm die erste Investmentgesellschaft ihre Tätigkeit im Jahre 1894 auf. Bis zum Jahr 1929 war die Zahl der Investmentgesellschaften schon auf über 700 angewachsen. In Deutschland hingegen dauerte es wesentlich länger, bis der Investmentgedanke Fuß fassen konnte. Erst 1949 wurde die erste Fondsgesellschaft gegründet – die ADIG Allgemeine Deutsche Investment GmbH, die es heute noch gibt. Inzwischen werden in Deutschland über 3500 verschiedene Investmentfonds von deutschen und ausländischen Gesellschaften angeboten, und ständig kommen neue hinzu. Die Palette reicht von risikoarm bis hochspekulativ.

»Ich möchte mein Geld in einem Fonds anlegen« ist also so ungenau wie »ich möchte Urlaub machen«. Beim Fondskauf wie bei der Urlaubsplanung müssen Sie sich entscheiden: Soll es ruhig und gemütlich werden? Oder aufregend und riskant? Bleiben Sie lieber auf vertrautem Terrain, oder reizt Sie Neues und Unbekanntes?

Es gibt Aktien-, Renten- und Immobilienfonds, Geldmarkt- und Laufzeitfonds, Regionen- und Länderfonds, Öko- und Technologiefonds usw. Sie können über Aktienfonds in Asien, Osteuropa oder Lateinamerika investieren. Sie können aber auch ganz speziell in Goldminen-Aktien oder Bio-Pharma-Aktien anlegen, immer abhängig davon, welche Anlagestrategie Sie verfolgen.

Und so funktionieren Fonds: Investmentfonds sind Töpfe mit Anlegergeldern, die von einer Kapitalanlagegesellschaft (Investmentgesellschaft) verwaltet werden. Das Geld wird entsprechend dem Fondszweck in Aktien, festverzins-lichen Wertpapieren oder Immobilien angelegt. Die Aus-wahl der Wertpapiere und Immobilien erfolgt nach dem Prinzip der Risikomischung. Das Fondsvermögen muß bei einer Bank, der Depotbank, verwahrt werden.

Die Anlegerinnen erhalten über ihren Anteil am Fonds-vermögen ein Zertifikat, das jederzeit an die Investmentge-sellschaft zurückgegeben werden kann. Mit dem Kauf eines Investmentzertifikats erwerben Anlegerinnen einen be-stimmten Anteil am Fondsvermögen und an den laufenden Erträgen. Der Wert eines Anteils wird börsentäglich festge-stellt, indem der Gesamtwert des Fondsvermögens durch die Zahl der ausgegebenen Investmentzertifikate geteilt wird.

Ein Unterschied besteht zwischen dem Rücknahmepreis, der den echten Wert eines Fondsanteils darstellt, und dem Ausgabepreis (das ist der Preis, zu dem Sie einen Fondsan-teil erwerben können). Im Ausgabepreis sind die einmali-gen Gebühren enthalten (Ausgabeaufschlag), die beim Kauf jedes Fondsanteils entstehen. Aktien- und Immobi-lienfonds kosten überwiegend rund 5 % beim Kauf, Renten-fonds zwischen 2 und 3 %.

Investmentpreise werden täglich in den großen Tageszei-tungen veröffentlicht. Außerdem können sie über das Inter-net abgerufen werden.

Vorteile von Investmentfonds

+ Die Risikostreuung

  Wenn Sie selbst Aktien oder festverzinsliche Wertpapiere kaufen, können Sie in der Regel nur eine kleine Auswahl von Wertpapieren erwerben. Die Gefahr, dabei auf das falsche Pferd zu setzen, ist groß. Ein Fonds mit seinen Millionenbeträgen kann dagegen das Kapital auf Wert-papiere mit verschiedenen Laufzeiten, aus verschiedenen Ländern, in verschiedenen Währungen usw. verteilen.

+ Die steuerliche Gestaltung
Kursgewinne sind steuerfrei, wenn die Anteile mindestens ein Jahr in Ihrem Besitz waren.

+ Die Flexibilität
Sie können in Fonds einmalig eine Summe einzahlen, Sie können unregelmäßige Einzahlungen leisten, und Sie können monatlich eine gleichbleibende Summe über einen Dauerauftrag ansparen. Sie haben bei vielen Fonds auch die Möglichkeit, einen Auszahlplan abzuschließen, wenn Sie regelmäßig eine gleichbleibende Summe brauchen. Mit oder ohne Kapitalverzehr wird Ihnen dann monatlich oder auch vierteljährlich ein bestimmter Betrag aus Ihrem Guthaben überwiesen. Fondsanteile können täglich zum Rücknahmepreis verkauft werden.

+ Die rechtliche Sicherheit
Deutsche Investmentgesellschaften sind in der Regel Töchter von Banken und Sparkassen. Investmentgesellschaften und ihre Fonds unterliegen einem eigens hierfür geschaffenen Gesetz und sehr strengen Anlage-, Publizitäts- und Kontrollvorschriften. Das Geld ist in Sondervermögen untergebracht, das nicht veruntreut werden kann.

+ Die Transparenz
Die Ausgabe- und Rücknahmepreise werden börsentäglich festgestellt und in den großen Tageszeitungen veröffentlicht. Sie können also laufend sehen, wie sich Ihr Fonds entwickelt. Außerdem können Sie natürlich die Kurse Ihrer Fonds im Internet abrufen.

+ Die Bequemlichkeit
Sie müssen sich nicht selbst um die Auswahl von Wertpapieren, Laufzeiten, Fälligkeiten und um die Wiederanlage der Ausschüttung kümmern.

Nachteile von Investmentfonds

– Die Gebühren
  Für alle Fonds wird beim Kauf einmalig der sogenannte
  Ausgabeaufschlag erhoben. Rentenfonds kosten in der
  Regel 3 %, Offene Immobilien- und Aktienfonds 5 %.
  Als laufende Kosten fallen die Depotbankvergütung und
  die Verwaltungsgebühr an.

– Der Anlagezeitraum
  Die meisten Fonds müssen Sie als mittel- bis längerfristige Geldanlage sehen. Sie können die Fondsanteile
  zwar jederzeit verkaufen, doch kann es z. B. bei Aktienfonds Zeitpunkte geben, zu denen ein Verkauf Verluste
  bringen würde. Sie müssen also Zeit und Geduld haben.

– Unsicherheiten
  Je nach Risikograd des Fonds müssen Sie mit mehr oder
  minder starken Kursschwankungen rechnen. Sie haben
  nicht, wie bei festverzinslichen Wertpapieren, eine über
  die Jahre gleichbleibende Ausschüttung. Diese kann nach
  oben oder nach unten variieren. Fonds, die in der Vergangenheit sehr gute Ergebnisse erzielt haben, müssen nicht
  zwangsläufig auch in Zukunft so gute Zahlen aufweisen.
  Das Fondsmanagement kann beispielsweise wechseln.
  Außerdem können auch Spezialisten irren.

Zum Aufbau eines Vermögens für die *Altersvorsorge* sind
Fonds eine nahezu ideale Anlageform. Allerdings sind nicht
alle Fondsarten gleichermaßen dazu geeignet.

Bedingt geeignet sind:

Garantiefonds

»Garantie« heißt bei diesen Fonds, daß Sie in jedem Fall,
auch bei einem Börsencrash, am Ende der Laufzeit Ihr eingesetztes Geld abzüglich des Ausgabeaufschlages zurückbekommen. Aber: Den garantierten Betrag erhalten Sie

nur, wenn Sie die Fondsanteile bis zum vereinbarten Laufzeitende auch behalten. Wenn Sie bis zum Ende der Laufzeit durchhalten, haben Sie im schlimmsten Fall bei den Fonds also keinen Gewinn gemacht.

Diese Absicherung hat natürlich ihren Preis: Über Garantiefonds beteiligen Sie sich an der positiven Wertentwicklung bestimmter Aktienindizes, z. B. des Euro-Stoxx, des Nikkei oder des DAX. Sie profitieren aber nicht zu 100 % von einer positiven Entwicklung an den Börsen in Europa, Japan oder Deutschland, sondern zum Beispiel nur zu 60 oder 70 %.

Garantiefonds laufen meist 4 oder 5 Jahre. Für diesen Zeitraum gibt es in Niedrigzinszeiten wenig lukrative Geldanlagen. Garantiefonds können eine interessante Anlage-Alternative für solch einen mittelfristigen Zeitraum sein.

Offene Immobilienfonds

Das sind Investmentfonds, bei denen Ihr Geld nicht in Wertpapieren, sondern in gewerblichen Immobilien angelegt wird. Offen werden sie genannt, weil die Zahl der Anleger nicht beschränkt ist. Es werden ständig Fondszertifikate ausgegeben und zurückgenommen, neue Immobilien erworben und alte verkauft. Das ist einer der Unterschiede zu Geschlossenen Immobilienfonds, die auf den Seite 92 bis 96 beschrieben werden.

Offene Immobilienfonds haben in ihrem Bestand in der Regel mindestens zehn, manchmal sogar mehr als 100 verschiedene Immobilien aus unterschiedlichen Lagen und Branchen. Seit einigen Jahren investieren Offene Immobilienfonds auch im europäischen Raum, z. B. in Holland oder in Großbritannien. In diesen Ländern sind teilweise höhere Renditen zu erzielen.

Die Wertentwicklung der Offenen Immobilienfonds weist kaum Schwankungen auf. Die durchschnittliche Rendite in den vergangenen Jahren lag bei 5 bis 7 %. Ein besonderer Vorteil: Je nach Art des Fonds sind ein bis zwei Drittel des Ergebnisses steuerfrei.

Offene Immobilienfonds sind eine wertbeständige und steuerlich günstige Geldanlage. Sie sollten deshalb Bestandteil einer ausgewogenen Vermögensstreuung sein.

Rentenfonds

Das sind Investmentfonds, die in festverzinsliche Wertpapiere, sogenannte Rentenpapiere, investieren. Unterscheiden müssen Sie zwischen Fonds, die in deutsche Wertpapiere investieren, und Fonds, die international anlegen.

Fonds mit deutschen Wertpapieren sind leider die meistverkauften Investmentfonds in Deutschland. Da sie ausschließlich in deutsche festverzinsliche Wertpapiere investieren, können deutsche Rentenfonds naturgemäß nicht mehr Rendite erzielen als diese Papiere selbst. Bei Fonds müssen Sie aber den Ausgabeaufschlag von 2 bis 3 % bezahlen, der Ihr Ergebnis schmälert. Wollen Sie in Rentenpapiere investieren, fahren Sie also besser, wenn Sie direkt Pfandbriefe, Anleihen oder Bundesobligationen kaufen.

Fonds sind immer dann interessant, wenn sie in Märkte investieren, die Ihnen nicht zugänglich sind oder für die Ihnen die nötigen Kenntnisse und das nötige Kapital fehlen. Sehr viel interessanter als Fonds mit deutschen Wertpapieren sind deshalb internationale Rentenfonds, also Fonds, die in Anleihen verschiedener Länder und verschiedener Währungen investieren. Sie bieten Ihnen die Chance, von höheren Zinsen in anderen Ländern zu profitieren, in begrenztem Umfang auch von Kurs- und Währungsgewinnen. Mit guten internationalen Rentenfonds konnten Sie in den vergangenen zehn Jahren durchschnittliche Renditen von ca. 8 % im Jahr erreichen.

Die Zinserträge müssen versteuert werden. Kurs- und Währungsgewinne hingegen sind steuerfrei, wenn die Papiere mindestens ein Jahr in Ihrem Besitz waren.

Sehr gut zur Altersvorsorge geeignet sind

Aktienfonds
Mit Aktienfonds können Sie in deutsche Aktien investieren oder in europäische. Sie können Blue Chips bevorzugen, also die Aktien der namhaftesten Gesellschaften, oder auch Small Caps, Aktien von mittleren und kleineren Unternehmen. Schon mit wenigen tausend Mark oder mit einem monatlichen Sparbetrag von 100 DM sind Sie an den chancenreichsten und namhaftesten Aktien Deutschlands, Europas oder der Welt beteiligt. Gute Aktienfonds haben in den vergangenen 20 Jahren eine durchschnittliche Jahresrendite von 10 bis 12 % erwirtschaftet und damit mehr als jede andere Anlageform.

Wie wichtig die Auswahl eines guten Fonds ist, zeigen Vergleichszahlen: Der schlechteste Aktienfonds brachte es im gleichen Anlagezeitraum nur auf eine Durchschnittsrendite von ca. 5 %.

Aktienfonds sind steuerlich sehr günstig. Kursgewinne sind nämlich steuerfrei, wenn die Anteile mindestens ein Jahr in Ihrem Besitz waren. Nur die vergleichsweise geringen Dividenden müssen versteuert werden. Auch Fondsmanager können nicht zaubern! Sinken weltweit die Aktienkurse, kann auch ein Fonds Sie nicht vor Kursverlusten schützen. Echte Verluste haben Sie nur dann, wenn Sie Ihre Fondsanteile zu einem ungünstigen Zeitpunkt verkaufen. Deshalb sollte für eine Investition in Aktienfonds ein langer Anlagezeitraum zur Verfügung stehen. Mindestens zehn Jahre sollten es sein, mehr wäre besser.

Gemischte Fonds
Neben reinen Aktienfonds sind gemischte Fonds sehr interessant, die international in Aktien und in festverzinsliche Wertpapiere investieren. Ein Fondsmanagement hat hier die größten Möglichkeiten, auf sich verändernde Markt-

situationen zu reagieren. Wenn Ihnen die Anlage in einem reinen Aktienfonds zu riskant und der Anlagezeitraum dafür zu lang erscheint, ist Ihr Geld in einem gemischten Fonds gut aufgehoben.

Auch hier sind, wie bei Aktienfonds, die Kursgewinne steuerfrei, wenn die Anteile mindestens ein Jahr in ihrem Besitz waren. Nur Zinsen und Dividenden müssen versteuert werden.

AS-Fonds

Diese neue Fondskategorie ist seit Herbst 1998 auf dem Markt. Offiziell ist AS die Abkürzung für »Altersvorsorge-Sondervermögen«. Aber natürlich soll die Bezeichnung AS auch suggerieren, daß Sie besonders gute Karten haben, wenn Sie in solch einen Fonds investieren. Ob das tatsächlich so ist, muß sich allerdings erst noch zeigen.

AS-Fonds sind gemischte Fonds, das heißt, sie investieren in Aktien, festverzinsliche Wertpapiere und Immobilien. Das ist nicht neu. Erfolgreiche gemischte Fonds gibt es schon lange. Neu ist lediglich die Beimischung von Immobilien. Nach den Anlagevorschriften des Dritten Finanzmarktförderungsgesetzes müssen mindestens 51 % des Fondsvermögens in Substanzwerten wie Aktien oder Immobilien investiert sein. Der Aktienanteil soll mindestens 21 % und darf höchstens 75 % betragen. Maximal 30 % können in Immobilien angelegt sein. Neu ist außerdem, daß ein Sparplan (ab 100 DM monatlich) mindestens 18 Jahre (oder bis zum 60. Lebensjahr) laufen soll. Eine Kündigung mit einer Frist von drei Monaten ist aber möglich.

Befürworter finden, daß AS-Fonds die Lücke zwischen risikoarmen Lebensversicherungen und riskanteren Aktienfonds schließen. Kritiker hingegen sehen keine Vorteile gegenüber den schon lange auf dem Markt befindlichen und bewährten Aktienfonds oder gemischten Fonds.

Dachfonds

Dieses neue Fondsangebot soll eine neue Form der Vermögensverwaltung bringen. Bei einem Dachfonds werden nicht verschiedene Aktien und/oder Anleihen gemischt und verwaltet. Ein Dachfonds ist vielmehr ein Fonds, der wiederum in mehrere Fonds investiert. AnlegerInnen können zwischen verschiedenen Risikoklassen wählen, von ausgewogen bis dynamisch, je nach Risikofreude.

Ganz neu ist die Idee der Dachfonds nicht. Seit einigen Jahren bieten fast alle Banken eine solche Fonds-Vermögensverwaltung an. Allerdings wird dort in der Regel nur in hauseigene Fonds investiert, und die Mindestanlagesummen beginnen bei 30000 DM. Dachfonds hingegen werden in Zukunft schon ab 5000 DM zu haben sein. Auch Sparpläne ab 100 DM monatlich wird es geben.

Eine weitere Besonderheit bei den Dachfonds besteht darin, daß Investmentgesellschaften künftig wie unabhängige Vermögensverwalter auch Fonds anderer Gesellschaften beimischen können.

Meine Meinung

Wenn Sie einen langen Anlagezeitraum (mindestens zehn, besser mehr Jahre) einplanen können und außerdem Risikofreude mitbringen, sollten Sie in klassische, international anlegende Aktienfonds investieren. Bleiben Ihnen nur noch weniger als zehn Jahre bis zum Ruhestand, oder ist Ihre Risikofreude begrenzt, dann sind Sie mit einem gemischten Fonds, einem AS-Fonds oder einem Dachfonds gut beraten.

Wenn Sie zwar einen längeren Anlagezeitraum zur Verfügung haben, aber keine guten Nerven besitzen, dann sind sicherlich Offene Immobilienfonds die richtige Wahl.

Garantiefonds und Rentenfonds eignen sich für den Teil Ihres Vermögens, den Sie als mittelfristige Reserve halten wollen.

Wichtig

In jeder Wirtschaftszeitschrift finden Sie sogenannte Hitlisten, also Ranglisten von Fonds. Eigentümlich dabei ist, daß so gut wie jede dieser Ranglisten anders zusammengesetzt ist. Und so gut wie immer werden in diesen Ranglisten Fonds mit sehr unterschiedlicher Anlagepolitik verglichen, die gar nicht vergleichbar sind:

Unter der Rubrik »Fonds mit deutschen Aktien« zum Beispiel finden Sie Blue-Chip-Fonds neben Small-Cap-Fonds. Dabei haben diese so wenig gemeinsam wie Äpfel mit Zwetschgen, außer daß es sich bei beiden um Obst handelt. Bei beiden beteiligen Sie sich zwar an Aktien von deutschen Unternehmen, aber Small-Cap-Fonds investieren in kleine und mittlere Unternehmen, sind also wesentlich riskanter als Fonds, die ausschließlich Blue Chips, die Aktien der namhaftesten großen Unternehmen, im Portfolio haben.

Ranglisten können also nicht ausschlaggebend für die Auswahl eines Fonds sein. Dennoch sind sie eine Orientierungshilfe. Wenn Sie dazu noch die folgenden Grundregeln beherzigen, haben Sie große Chancen, mit Ihren Fonds beste Anlageergebnisse zu erzielen:

- Für die Ermittlung der Rangfolge wird häufig das Kriterium »Wertentwicklung innerhalb eines Jahres« herangezogen. Der Fonds, der also in einem Jahr die höchste Wertentwicklung erzielen konnte, erhält Rang 1. Die Aussagekraft dieser Einjahresergebnisse ist aber gering. Ein Einzelergebnis kann auf eine besondere Situation in diesem einen Jahr zurückzuführen sein und sagt deshalb nichts über den dauerhaften Anlageerfolg. Wichtig für einen langfristig guten Anlageerfolg ist nicht das Spitzenergebnis in einem Jahr, sondern das kontinuierlich gute Ergebnis bei kalkulierbarem Risiko. Orientieren Sie sich deshalb lieber an den Ergebnissen der letzten fünf bis zehn Jahre. Diese sind aussagekräftiger.

- Von zwei Fonds mit ähnlich gutem Anlageergebnis ist der für Sie interessant, der sein Ergebnis mit einem geringeren Risiko erzielt.
- Suchen Sie sich einen Fonds aus, der einen namhaften Hintergrund hat, also eine Bank, die große Tradition in der Vermögensverwaltung vorweisen kann. Kaufen Sie keine Fonds von Fondsgesellschaften, die erst kurz auf dem Markt sind.
- Lassen Sie sich nicht von exotischen Namen blenden. Auch die Fonds deutscher Gesellschaften haben sehr gute Ergebnisse vorzuweisen, selbst wenn ihre Namen oft nicht so aufregend klingen.
- Die Größe eines Fonds ist keine Garantie für einen besonders guten Anlageerfolg. Im Gegenteil: Milliardenschwere Riesen-Fonds werden leicht unbeweglich. Kleinere Fonds hingegen sind flexibler zu managen.
- Kaufen Sie keinen No-load-Fonds, also einen Fonds ohne Ausgabeaufschlag. Der vermeintlich billige Einkauf kostet Sie viel Geld. Keine Fondsgesellschaft arbeitet umsonst. Die sogenannten No-load-Fonds oder Trading-Fonds sind nur auf den ersten Blick günstiger als die traditionellen Fonds mit Ausgabeaufschlag. Bei No-load-Fonds zahlen Sie nämlich Jahr für Jahr eine deutlich höhere Verwaltungsgebühr. Wenn Sie also meiner generellen Empfehlung folgen und Aktienfonds als langfristige Anlage ansehen, haben Sie bei diesen vermeintlich so günstigen No-load-Fonds insgesamt eine wesentlich höhere Kostenbelastung. Ein Beispiel: Wenn Sie einen Aktienfonds ohne Ausgabeaufschlag kaufen, haben Sie erst einmal 5 % Gebühren gespart. Die Fondsgesellschaft verlangt aber statt dessen eine zusätzliche Verwaltungsgebühr von z. B. 1,5 % pro Jahr. Bei einer zehnjährigen Anlage zahlen Sie also insgesamt 15 % statt einmalig 5 %.

Lebensversicherungen

Die Bemühungen, Schicksalsschlägen vereint besser zu begegnen, reichen bis weit ins Altertum zurück. Die ersten Versicherungsverbände waren eine Art »Gefahrengemeinschaft«. Der Verlust einer Schiffsladung beispielsweise, die mitunter das gesamte Geschäftsvermögen darstellte, konnte einen Kaufmann und seine Familie an den Bettelstab bringen. Ein Phönizier war es, der den genialen Einfall hatte, den möglicherweise eintretenden Schaden auf so viele Schultern zu verteilen, daß er für den einzelnen erträglich war. Schon 3000 v. Chr. schlossen sich phönizische Händler zu Verbänden zusammen, die ihren Mitgliedern verlorengegangene Schiffsladungen ersetzten. Auch babylonische und griechische Kaufleute gründeten solche Selbstschutzeinrichtungen. Sogar Eselstreiber in Palästina vereinbarten, die Schäden gemeinsam zu tragen, die jedem einzelnen beim Verlust seines Tieres durch Räuber oder Raubtiere entstand.

In Japan entwickelte sich um 2500 v. Chr. eine besonders wirksame Form der gegenseitigen Hilfe. Jeweils fünf Familien schlossen sich zu einer Gemeinschaft zusammen, die bei Geburt, Hochzeit oder Tod Geld und Dienstleistungen aufbringen mußte und außerdem für ihre Armen und Kranken zu sorgen hatte. Bis dahin hatte die Sippe jeden einzelnen mehr oder minder geschützt. Die Bindung an eine Sippe aber war durch die Geburt bestimmt, sie war nicht freiwillig. Die neuen Schutzgemeinschaften waren der erste freiwillige Zusammenschluß von nicht verwandten Menschen, um sich gegen eine bestimmte Gefahr gemeinsam abzusichern. Der bedeutende Schritt aber von der Absicherung gegen Schäden, die das Hab und Gut betrafen, hin zur Absicherung gegen Todesfälle und gegen Armut im Alter dauerte noch Jahrtausende.

Die erste »richtige« Lebensversicherungsgesellschaft der

Welt entstand 1765 in London unter dem Namen »The Society for Equitable Assurance on Lives and Survivorships«, kurz »Equitable« genannt. Die Equitable kannte schon Gewinnbeteiligung, Rückkaufswert und bot sogar auf Wunsch die Umwandlung in eine Rentenversicherung an. Die erste deutsche Lebensversicherungsgesellschaft war die »Hamburgische Versorgungsanstalt«, die 1778 gegründet wurde. Auch heute noch, 200 Jahre später, gehören Lebensversicherungen mit ihren verschiedenen Varianten zu den wichtigsten Bausteinen für die Altersversorgung. 71 % aller Deutschen zwischen 18 und 50 Jahren besitzen mindestens einen Lebensversicherungsvertrag.

Aber gerade an dieser beliebten und weitverbreiteten klassischen Anlageform scheiden sich die Geister. Zu bieder, zu geringe Rendite, zu starre Verträge, Eigennutz der Versicherungsgesellschaften, hohe Provisionen für den Versicherungsvertreter usw. lauten die Argumente gegen Lebensversicherungen. Regelrechte ideologische Grabenkämpfe, ausgetragen in den Medien, bringen aber keine Klarheit, sondern schaffen nur tiefe Verunsicherung bei den Anlegerinnen. Wie so oft, wird auch hier das Kind mit dem Bade ausgeschüttet und nichts mehr differenziert. Dabei ist es wichtig, gerade bei Geldanlagen, mit denen Sie langfristig Vermögen aufbauen wollen, genau hinzuschauen.

Die wichtigsten Formen bei Lebensversicherungen sind
• die Kapital-Lebensversicherung
• die private Rentenversicherung
• die fondsgebundene Lebensversicherung (Fondspolice).

Die Kapital-Lebensversicherung

Diese Form wird auch Lebensversicherung auf den Todes- und Erlebensfall genannt. Sie ist eine der bekanntesten und verbreitetsten Anlageformen. 71 % der 18- bis 50jährigen besitzen mindestens eine Kapital-Lebensversicherung. Mit einer Kapital-Lebensversicherung sorgen Sie für Ihr Alter vor und können gleichzeitig Ihre Angehörigen im Falle Ihres Todes absichern. Dazu haben Sie bei deutschen Versicherungsgesellschaften eine hohe Sicherheit.

Schon mit relativ kleinen Beträgen bilden Sie Kapital. Wenn eine Laufzeit von zwölf Jahren eingehalten wird und mindestens fünf Jahre lang Beiträge bezahlt sind, ist die Auszahlung am Ende der Laufzeit für Sie steuerfrei. Diese Steuerfreiheit der Erträge ist auch ein wichtiger Pluspunkt. Wenn Sie den Freibetrag für Zinserträge schon ausgeschöpft haben, müssen Sie sonst jede Mark, die Sie aus einer anderen Geldanlage erzielen, versteuern.

Weitere Vorteile
+ garantierte Mindestverzinsung
+ kalkulierbares Ergebnis zu einem genau bestimmten Zeitpunkt
+ große Tarif-Vielfalt, mit der die Lebensversicherung auf die persönlichen Verhältnisse abgestimmt werden kann
+ Absicherung der Angehörigen im Todesfall
+ zu verbinden mit Berufsunfähigkeitsversicherung
+ Direktversicherung durch Gehaltsumwandlung möglich
+ Selbständige können die Beiträge als Vorsorgeaufwendung steuerlich geltend machen, wenn mindestens zwölf Jahre Laufzeit eingehalten werden und mindestens fünf Jahre lang Beiträge gezahlt sind
+ steuerfreie Auszahlung am Ende der Laufzeit, wenn mindestens zwölf Jahre Laufzeit eingehalten werden und mindestens fünf Jahre lang Beiträge bezahlt sind.

Nachteile

– keine überdurchschnittlichen Gewinne möglich
– nur ein Teil des Ergebnisses ist garantiert
– vorzeitige Auflösung in den ersten Jahren ist mit Verlust verbunden
– das Geld ist langfristig gebunden
– nichttransparente Kostenbelastung.

Besonders interessante Varianten der Lebensversicherung:
Das Beitragsdepot mit Kapital-Lebensversicherung

Sie möchten 50 000 DM gut anlegen? Mit höheren Zinsen als bei der Bank, dazu steuerfrei, pflegeleicht und natürlich ohne großes Risiko! Das klingt fast zu schön, um wahr zu sein? Aber diesen Renditeknüller gibt es tatsächlich – und zwar bei Versicherungsgesellschaften.

Und so funktioniert es: Sie schließen eine Kapital-Lebensversicherung ab. Aber Sie zahlen nicht, wie sonst üblich, Monat für Monat oder Jahr für Jahr Ihren Beitrag. Sondern Sie zahlen die gesamte Summe, in unserem Beispiel also 50 000 DM, auf ein Festgeldkonto (Depot) bei der Versicherungsgesellschaft ein. Dort wird Ihr Geld gut verzinst, meist gibt es zwei bis drei Prozent mehr als auf einem »normalen« Festgeldkonto bei der Bank. Diese Zinsen sind steuerpflichtig.

Von dort nun werden fünf Jahre lang die Beiträge für Ihre Kapital-Lebensversicherung abgebucht, bis das Festgeldkonto leergeräumt ist und sich Ihr gesamtes Geld in der Lebensversicherung befindet. Dort »arbeitet« Ihr Geld weitere sieben Jahre für Sie, und danach, wenn also insgesamt zwölf Jahre vergangen sind, können Sie die gesamte Summe steuerfrei kassieren! Zwölf Jahre sind die Mindestlaufzeit. Sie können Ihr Geld natürlich auch länger anlegen, siehe Beispiel auf Seite 76.

Zwischen 6 und 7 % Rendite erzielen Sie mit dieser Geldanlage – steuerfrei! Bei einer anderen, voll steuerpflichtigen Anlage, müßten Sie, je nach persönlichem Steuersatz, 10 % und mehr Rendite erzielen, um hier mithalten zu können.

Kapital-Lebensversicherung mit Beitragsdepot

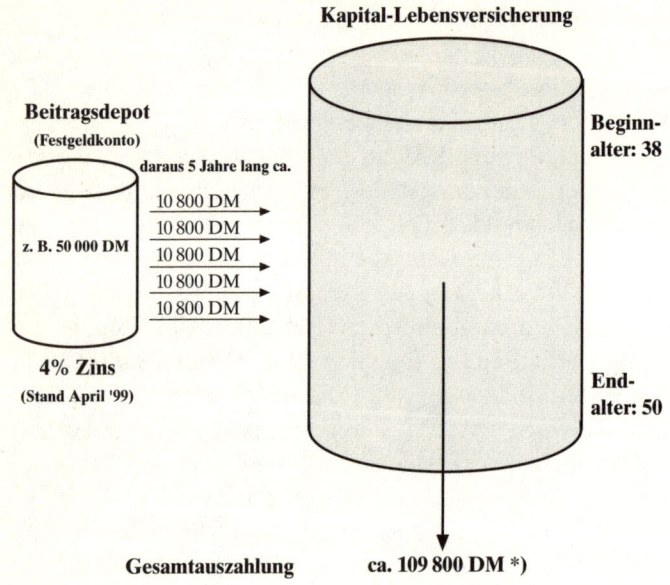

Kapital-Lebensversicherung

Beitragsdepot
(Festgeldkonto)

daraus 5 Jahre lang ca.

z. B. 50 000 DM

10 800 DM
10 800 DM
10 800 DM
10 800 DM
10 800 DM

4% Zins
(Stand April '99)

Beginn-alter: 38

End-alter: 50

Gesamtauszahlung   **ca. 109 800 DM *)**

*) Im Ergebnis enthaltene Überschüsse sind nicht garantiert.
(Zahlen: neue leben)

Direktversicherung durch Gehaltsumwandlung

Eine interessante Möglichkeit, die viele Arbeitnehmerinnen nutzen können, ist eine Direktversicherung durch Gehaltsumwandlung. Hierbei schließt der Arbeitgeber für die Arbeitnehmerin eine Lebensversicherung ab und zahlt die Prämie dafür (der zulässige Höchstbetrag ist 3408 DM pro Jahr) direkt an die Versicherungsgesellschaft. Die Versicherungsprämie wird vom Bruttogehalt abgezogen und pauschal mit 20 % versteuert. Die Arbeitnehmerin versteuert nur noch ein verringertes Bruttogehalt, spart damit Einkommensteuer und finanziert über diese Steuerersparnis einen Teil des Versicherungsbeitrags.

Noch günstiger wird Ihr Vertrag, wenn Sie einen Jahresbeitrag statt eines Monatsbeitrages wählen und diesen aus einer Sonderzahlung überweisen lassen, z. B. vom Weihnachtsgeld. Wenn Sie mit Ihrem Gehalt unterhalb der Beitragsbemessungsgrenze liegen, bleibt Ihr Versicherungsbeitrag zusätzlich sozialabgabenfrei.

Eine Direktversicherung muß immer mindestens bis zum 60. Lebensjahr laufen. Sie kann nicht vorzeitig gekündigt werden. Es ist auch nicht möglich, eine Direktversicherung zu beleihen. Auch GeschäftsführerInnen einer GmbH können eine Direktversicherung abschließen. Beamte und Angestellte des öffentlichen Dienstes sowie Gesellschafter von Personengesellschaften (OHG, KG) dagegen nicht.

Wichtig bei Kapital-Lebensversicherungen
- Zahlen Sie den Beitrag jährlich, wenn dies für Sie möglich ist. Die monatliche Zahlweise ist für die Versicherungsgesellschaft aufwendiger, deshalb verlangt sie dafür einen Zuschlag. Die jährliche Zahlung wirkt sich also günstiger aus.
- Wählen Sie einen Beitrag, den Sie sich nach realistischer Einschätzung auch in schwierigeren Zeiten leisten können.
- Schließen Sie in Ihren Versicherungsvertrag keine »Verdoppelung der Todesfallsumme bei Unfalltod« ein. Der Einschluß einer »UZV« schmälert die Auszahlung an Sie deutlich, dafür erhalten Ihre Erben eine hohe Summe, wenn Sie durch einen Unfall sterben. Ihre Angehörigen sind durch die ohnehin eingeschlossene Risiko-Lebensversicherung abgesichert.

- Verzichten Sie auf eine Dynamisierung der Beiträge. Die jährliche Beitragserhöhung wird von der Versicherungsgesellschaft wie ein kleiner Neuabschluß behandelt. Es fallen dadurch also immer wieder Kosten an. Hinzu kommt, daß für diesen »kleinen Neuabschluß« Ihr jeweils höheres Lebensalter zugrunde gelegt wird. Bei langer Laufzeit schmälert also die Dynamik Ihre Rendite.
- Schließen Sie für Ihre Altersversorgung keine Kapital-Lebensversicherung ab, wenn Sie älter sind als 45 Jahre. Mit zunehmendem Lebensalter steigt der Risikobeitrag, also der Teil Ihres Versicherungsbeitrages, der für den Todesfallschutz zurückgelegt wird. Dadurch verringert sich der Teil Ihres Beitrages, der für Sie verzinslich angelegt werden kann.
- Kündigen Sie Ihre Lebensversicherung nicht, wenn Sie einen finanziellen Engpaß haben. Eine Kündigung bringt in der Regel Verlust. Sie ist deshalb der schlechteste Weg. Sie können statt dessen den Beitrag reduzieren, die Beitragszahlung zwei Jahre stunden lassen oder, wenn es gar nicht mehr anders geht, den Vertrag beitragsfrei stellen.

Die private Rentenversicherung

Es gibt kein anderes Kapitalanlage-Produkt, das Ihnen ein lebenslanges Einkommen garantiert, unabhängig davon, wie alt Sie werden und wie sich die Kapitalmärkte in Zukunft entwickeln.

Den Vorteil von lebenslangen Renten, sogenannten Leibrenten, erkannten schon unsere Vorfahren. Bei Ausgrabungsarbeiten in Milet, der einst bedeutendsten und reichsten Stadt an der Westküste Kleinasiens, fand man die Reste eines Steins, der über und über mit Schriftzeichen bedeckt war. Die Entzifferung ergab den ersten Bericht über Leibrenten im Altertum.

Im Jahre 205 v. Chr., so ist auf dem Stein zu lesen, brauchte die Stadt Milet dringend Geld. Deshalb beschloß man in der Volksversammlung, jedem Bürger Gelegenheit zu geben, 3600 Drachmen oder ein Mehrfaches davon in die Stadtkasse einzuzahlen. Dafür zahlte Milet auf Lebenszeit eine Jahresrente von 10 % in monatlichen Raten. Wenn der Versicherte starb, endete die Rentenzahlung. Die eingezahlte Summe verfiel bis auf einen kleinen Rest, der an die Erben ausgezahlt wurde.

Erst im Mittelalter wurde die Idee der lebenslangen Leibrente wieder aufgegriffen. Die ältesten erhaltenen Leibrentenbriefe stammen aus der französischen Stadt Tournai; sie wurden im Jahre 1228 ausgestellt. Die Städte hatten damals wie heute einen steigenden Geldbedarf. Deshalb gaben sie Anleihen aus und zahlten dafür den Bürgern eine lebenslange Rente. Die wohlhabenden Bürger, auch in Deutschland, waren begeistert von der Idee, ein Leben lang, Monat für Monat, eine Rente zu erhalten.

Die Auszahlung der Renten war natürlich nicht so einfach wie heute. Einer holländischen Aufzeichnung aus dem Jahre 1492 ist zu entnehmen, daß damals, also im Mittelalter, ein städtischer Beamter mit Geldsäcken durch die Lande reisen mußte. Um ihn vor Räubern zu schützen, wurde ihm eine Leibwache mitgegeben. Durch Anschläge an den Kirchentüren wurden dann die Leibrentner davon verständigt, daß sie ihr Geld in dem Gasthaus, in dem der Beamte abgestiegen war, in Empfang nehmen konnten.

Die Städte, die im Altertum und im Mittelalter Leibrenten ausgaben, hatten allerdings mit einem großen Problem zu kämpfen: Sie wußten nicht, wieviel Geld sie benötigten, um die Leibrentner ein Leben lang mit Geld zu versorgen. Es gab damals keinerlei Aufzeichnungen über die Lebenserwartung der Menschen. Deshalb wurden die Leib renten häufig viel zu hoch angesetzt. Erst im 17. Jahrhundert kam der holländische Mathematiker Christian Huygens auf die Idee, die mittlere Lebensdauer des Menschen zu berechnen und mit Hilfe der Wahrscheinlichkeitsrechnung die richtige Höhe der Leibrente zu ermitteln. Seine Berechnungen waren der Beginn der Versicherungsmathematik.

Und so funktioniert die Rentenversicherung heute:

Die Rentenversicherung ist eine Form der Lebensversicherung, bei der das Todesfallrisiko entfällt. Wenn Sie über 40 Jahre alt sind, ausschließlich für Ihr Alter vorsorgen möchten und keine Hinterbliebenen absichern müssen oder wollen, erzielen Sie mit einer privaten Rentenversicherung höhere Erträge als mit einer Kapital-Lebensversicherung.

Sie haben, wie bei der Kapital-Lebensversicherung die Möglichkeit, sich nach Ablauf der Versicherung das Kapital in einer Summe – steuerfrei – auszahlen zu lassen. Sie können sich statt dessen aber auch für eine monatliche Rente entscheiden. Die private Rente wird lebenslang gezahlt, ganz gleich, wie alt Sie werden, auch wenn das eingezahlte Kapital schon längst aufgebraucht ist.

Private Renten sind steuerlich begünstigt. Sie werden nur mit dem sogenannten Ertragsanteil versteuert. Dieser Ertragsanteil ist gering. Er richtet sich nach dem Alter, in dem Ihre Rentenzahlung beginnt, und bleibt dann während der ganzen Rentenbezugszeit gleich. Beispiele:

Wenn Sie 65 Jahre alt sind und aus einer privaten Rentenversicherung eine monatliche Rente von 1000 DM beziehen, dann beträgt der Ertragsanteil 27 %. Das bedeutet, nur 270 DM Ihrer Rente werden vom Finanzamt als steuerpflichtiges Einkommen gewertet.

Sind Sie erst 55 Jahre alt und möchten eine lebenslange private Rente, dann beträgt der Ertragsanteil 38 %. Sie sehen also, je älter Sie beim Beginn der privaten Rentenzahlung sind, desto günstiger ist die steuerliche Situation für Sie.

Zu versteuernder Ertragsanteil nach § 22 EStG
für eine lebenslängliche Rente

Bei Beginn der Rente vollendetes Lebensjahr	Ertragsanteil in Prozent
55	38
56	37
57	36
58	35
59	34
60	32
61	31
62	30
63	29
64	28
65	27
66	26
67	25
68	23
69	22
70	21

Eine private Rentenversicherung können Sie in vielfältiger Weise nutzen und Ihrer Lebenssituation anpassen. Wenn Sie jünger sind, dann paßt zu Ihnen:
• eine aufgeschobene Rente mit laufender Beitragszahlung, das heißt, sie zahlen bis zu Ihrem 60. oder 65. Lebensjahr laufende monatliche oder jährliche Beiträge. Am Ende der Laufzeit können Sie sich dann entscheiden, ob Sie lieber die lebenslange Rente oder das bis dahin angesammelte Kapital in einer Summe haben möchten.

- oder eine aufgeschobene Rente mit Einmalzahlung oder Beitragsdepot, wenn Sie statt einer monatlichen oder jährlichen Beitragszahlung lieber einmalig eine Summe einsetzen möchten.

Wenn Sie im Rentenalter sind und lebenslange, steuerlich begünstigte Rentenzahlungen haben möchten, dann ist interessant:
- eine sofort beginnende Rente gegen Einmalzahlung eines größeren Betrages.

Wenn Sie nur für einige Jahre Geld brauchen und dafür eine größere Summe verrenten lassen können, dann gibt es bei einigen Gesellschaften
- eine Zeitrente, die Ihnen für eine bestimmte Zeit (mindestens fünf Jahre) monatliche Einnahmen sichert.

Sie sehen also, es gibt viele Möglichkeiten, eine Rentenversicherung auf Ihre persönlichen Bedürfnisse abzustimmen.

Vorteile der Rentenversicherung
+ eine große Bandbreite an Gestaltungsmöglichkeiten
+ es werden keine Fragen nach dem Gesundheitszustand gestellt
+ auch das Eintrittsalter ist nicht entscheidend. Sie können Rentenversicherungen mit Einmalbeitrag bis zum 75. Lebensjahr abschließen
+ garantierte Mindestverzinsung
+ am Ende der Laufzeit Wahl zwischen Kapitalauszahlung oder lebenslanger Rente
+ steuerfreie Auszahlung des Kapitals, wenn mindestens zwölf Jahre Laufzeit und fünf Jahre Beitragszahlung eingehalten wurden
+ Einsatz als Direktversicherung durch Gehaltsumwandlung ist möglich

+ Kombination mit einer Berufsunfähigkeits-Zusatzversicherung ist möglich
+ Selbständige können die Beiträge als Vorsorgeaufwendung steuerlich geltend machen
+ lebenslange Rente, ganz gleich, wie alt Sie werden, auch wenn Ihr eingezahltes Kapital schon verbraucht ist.

Nachteile
– Ihr Geld wird verrentet, steht Ihnen und den potentiellen Erben also nicht mehr zur Verfügung
– keine Absicherung der Angehörigen im Todesfall
– die Erben können zwar bedacht werden, zum Beispiel im Todesfall durch die Weiterzahlung der Rente für eine bestimmte Zeit oder durch die Rückzahlung nicht verbrauchter Vermögensteile. Aber je mehr Sie für Ihre Erben tun, desto weniger Rente erhalten Sie
– die Überschußleistungen auch während der Rentenbezugszeit sind nicht garantiert.

Besonders günstige Varianten der privaten Rentenversicherung:

Direktversicherung mit Gehaltsumwandlung
Auch eine Rentenversicherung können Sie als Direktversicherung mit Gehaltsumwandlung abschließen (Beschreibung S. 40, 68 f.).

Das Beitragsdepot mit Rentenversicherung
Wenn Sie einmalig einen größeren Betrag investieren können und mindestens zwölf Jahre Zeit haben, dann ist das auf S. 67 f. beschriebene Beitragsdepot, diesmal mit einer Rentenversicherung kombiniert, besonders lukrativ. Welche Rente Sie sich mit einer einmaligen Einzahlung von z. B. 50 000 DM schaffen können, sehen Sie in folgendem Beispiel.

Private Rentenversicherung mit Beitragsdepot

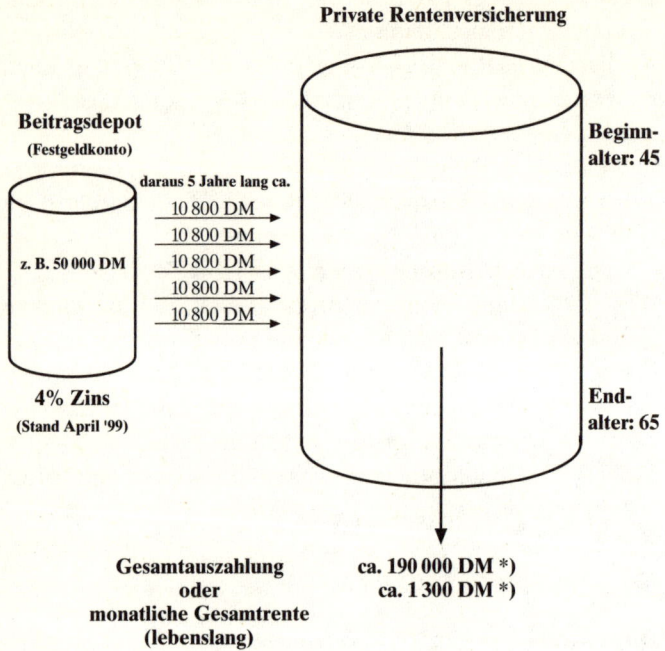

Private Rentenversicherung

Beitragsdepot
(Festgeldkonto)

daraus 5 Jahre lang ca.

10 800 DM →
10 800 DM →
z. B. 50 000 DM 10 800 DM →
10 800 DM →
10 800 DM →

4% Zins
(Stand April '99)

**Beginn-
alter: 45**

**End-
alter: 65**

**Gesamtauszahlung
oder
monatliche Gesamtrente
(lebenslang)**

ca. 190 000 DM *)
ca. 1 300 DM *)

*) Im Ergebnis enthaltene Überschüsse sind nicht garantiert.
(Zahlen: Schweizerische Rentenanstalt)

I*R Individuelle Rente

Eine sehr interessante Variante der Rentenversicherung ist
die *I*R Individuelle Rente*. Hierbei handelt es sich um ein
neues, sehr flexibles Altersvorsorgemodell, das sich den un-
terschiedlichsten Lebenssituationen anpassen läßt. Entwik-
kelt wurde es in unserem »Arbeitskreis Versicherungs- und

Finanzexpertinnen – bundesweit« und mit dem AXA-CO-LONIA-Konzern in die Tat umgesetzt. Im Vordergrund steht bei der *I*R Individuellen Rente* nicht die Kapitalauszahlung am Ende der Laufzeit, sondern eine lebenslange Rente.

Vorteile dieser neuen Rentenversicherung:

+ Sie wählen einen Beitrag, der heute zu Ihnen paßt. Voraussetzung: mindestens 200 DM im Monat oder 2400 DM im Jahr sowie eine Ersteinzahlung von 1000 DM zu Beginn der Rentenversicherung

+ Sie haben die Möglichkeit, Ihre Beiträge zu verändern, sie also zu erhöhen, zu reduzieren oder die Beitragszahlung ganz auszusetzen

+ auch zusätzliche Sondereinzahlungen sind jederzeit möglich (pro Einzahlung mindestens 2000 DM)

+ Sie entscheiden sich z. B. für eine Laufzeit bis zum 60. Lebensjahr. Wenn Sie die Rente dann noch nicht benötigen, können Sie die Versicherung jeweils um ein Jahr, bis zum 65. Lebensjahr, verlängern

+ auch die Hinterbliebenenversorgung, die sogenannte Rentengarantiezeit, kann vor Rentenbeginn noch verändert werden

+ die gesamte Abwicklung ist unbürokratisch.

Mit der *I*R Individuellen Rente* können Sie also die Einzahlungen Ihrer jeweiligen Einkommenssituation anpassen. Das ist besonders wichtig für Selbständige, die mit schwankenden Einkünften rechnen müssen. Oder auch für Frauen in der Familienpause, die später wieder in den Beruf zurückkehren und dann mehr Geld zur Verfügung haben. Die *I*R Individuelle Rente* ist aber auch dann interessant, wenn Sie beispielsweise ein- oder zweimal jährlich Zins- oder Dividendenzahlungen erhalten und diese gern zusätzlich für Ihre Altersvorsorge einsetzen möchten.

Wichtig bei allen Rentenversicherungen

- Zahlen Sie den Beitrag jährlich, wenn dies für Sie möglich ist. Die monatliche Zahlweise ist für die Versicherungsgesellschaft aufwendiger, deshalb verlangt sie dafür einen Zuschlag. Die jährliche Zahlung wirkt sich also günstiger aus.
- Wählen Sie einen Beitrag, den Sie sich nach realistischer Einschätzung auch in schwierigeren Zeiten leisten können.
- Wählen Sie keine zu hohe Hinterbliebenenabsicherung. Alles, was Sie für Ihre Erben tun, geht zu Lasten Ihrer Rente. Denken Sie daran: Bei der Rentenversicherung geht es ausschließlich um SIE!
- Je später Sie Ihre private Rente beziehen, desto höher ist der monatliche Rentenbetrag. Außerdem ist ein Rentenbeginn ab dem 60., besser noch ab dem 65. Lebensjahr, steuerlich wesentlich günstiger.
- Bei Rentenversicherungen ist die Wahl der Versicherungsgesellschaft besonders wichtig und von weitreichender Bedeutung. Anders als bei der Kapital-Lebensversicherung oder der Fondspolice ist Ihr Vertrag nicht an einem bestimmten Tag mit einer Kapitalauszahlung zu Ende. Wenn Sie sich am Ende der Laufzeit für die private Rente entscheiden, sind Sie vielmehr lebenslang an eine Versicherungsgesellschaft gebunden. Es muß sich deshalb bei Ihrem Versicherungspartner für den Rest Ihres Lebens um ein leistungsfähiges Unternehmen handeln, um ein Unternehmen also, das stark genug ist, Ihre Rente auch in schwierigeren Zeiten auszahlen zu können. Und natürlich sollte es sich um eine alteingesessene und in Rentenleistungen erfahrene Versicherungsgesellschaft handeln.
- Kündigen Sie Ihre Rentenversicherung nicht, wenn Sie einen finanziellen Engpaß haben. Eine Kündigung bringt in der Regel Verlust und ist deshalb der schlech-

teste Weg. Sie können statt dessen den Beitrag reduzieren, die Beitragszahlung zwei Jahre aussetzen oder,
wenn es gar nicht mehr anders geht, den Vertrag still-
legen.

Die Fondspolice
(fondsgebundene Lebensversicherung)

Dies ist eine Lebensversicherung, bei der Ihre Beitragszah-
lungen in Investmentfonds, vorzugsweise in Aktienfonds,
angelegt werden. In der Regel ist es möglich, den monatlichen Sparbetrag auf mehrere Fonds aufzuteilen. Sie können also mit einem Monatsbeitrag von 100 DM zum Beispiel
in verschiedene Fonds mit unterschiedlichem Risiko investieren.

Bei Fälligkeit bekommen Sie das Fondsguthaben zum aktuellen Kurswert ausgezahlt. Hier liegt eine Chance, aber
auch ein Risiko dieser Lebensversicherungsvariante: Wie
Sie wissen, haben Fonds mit Aktien in der Vergangenheit
sehr gute Renditen gebracht. Sie haben also die Chance, ein
deutlich höheres Ergebnis zu erzielen als bei einer traditionellen Kapital-Lebensversicherung oder einer Rentenversicherung.

Aber keine Chance ohne Risiko: Aktien unterliegen naturgemäß starken Schwankungen. Wenn Ihre fondsgebundene Lebensversicherung während einer längerdauernden
Börsenflaute zur Auszahlung kommt, kann das Ergebnis
auch mager ausfallen. Einige Anbieter von Fondspolicen
bieten jedoch in dieser Situation die Möglichkeit, die
Fondsanteile in das eigene Wertpapierdepot zu überneh-
men, bis sich die Kurse wieder erholt haben.

Wie alle anderen Lebensversicherungsformen auch, muß

die Fondspolice mindestens zwölf Jahre laufen, und es müssen mindestens fünf Jahresbeiträge eingezahlt sein. Dann ist die Auszahlung am Ende der Laufzeit steuerfrei.

Vorteile der Fondspolice

+ steuerfreie Auszahlung des Guthabens am Ende der Laufzeit
+ Gewinnchancen durch Beteiligung an Aktienfonds
+ Abschluß als Direktversicherung durch Gehaltsumwandlung möglich
+ Kombination mit einer Berufsunfähigkeits-Versicherung möglich
+ Absicherung der Angehörigen im Todesfall.

Nachteile

- zumeist höhere Kosten als bei reinen Fondssparplänen
- Risiko von Kursschwankungen durch Beteiligung an Aktienfonds
- Beiträge können nicht als Vorsorgeaufwendung abgesetzt werden
- bei vielen Gesellschaften gibt es keine garantierte Mindestverzinsung wie bei Kapital-Lebens- und Rentenversicherungen.

Wichtig
- Entscheiden Sie sich für eine Fondspolice dann, wenn es Sie reizt, mit Ihrem regelmäßigen Sparbetrag in verschiedene Fonds zu investieren und gleichzeitig Ihre Angehörigen abzusichern, oder aber dann, wenn Sie den Freibetrag für Zinserträge schon ausgeschöpft haben.
- Wählen Sie eine Fondspolice, bei der Sie am Ende der Laufzeit die Fondsanteile in Ihr Wertpapierdepot übertragen oder bei der Gesellschaft noch fünf Jahre beitragsfrei weiterführen lassen können. Auf diese

Weise vermeiden Sie Verluste, wenn die Kurse zu diesem Zeitpunkt stark gefallen sind.

- Wählen Sie einen Beitrag, den Sie sich nach realistischer Einschätzung auch in schwierigeren Zeiten leisten können.
- Entscheiden Sie sich für einen namhaften Anbieter mit guten Fonds, die schon länger auf dem Markt sind, deren Ergebnisse also bekannt sind und nachgeprüft werden können.
- Wenn Sie switchen wollen, also die Möglichkeit haben möchten, die Fonds zu wechseln, sollte dies in einem bestimmten Rahmen (z. B. einmal jährlich) kostenfrei möglich sein.

Meine Meinung

zu allen oben genannten Varianten der Lebensversicherung, also Kapital-Lebensversicherung, Rentenversicherung und Fondspolice:

Bei aller sicherlich berechtigten Kritik an der mangelnden Transparenz und der Geschäftspolitik von Versicherungsgesellschaften führt an guten Produkten dieser Branche kein Weg vorbei, wenn Ihr Ziel die langfristige Vermögensbildung und Altersvorsorge ist.

Renditen, die bei guten Gesellschaften zwischen 6 und 7 % pro Jahr liegen, die Steuerfreiheit der Erträge und die hohe Sicherheit bei alteingesessenen Versicherungsgesellschaften bieten einen großen Vorteil gegenüber anderen Sparformen. Lebensversicherungen sollten deshalb die Basis jeder langfristigen Vermögensplanung bilden. Entscheidend für den Anlageerfolg ist auch hier, wie bei fast allen Geldanlagen, die richtige und zur individuellen Situation passende Gestaltung.

Sind britische Lebensversicherungen rentabler?

In bestimmten Zeitabständen geistern immer wieder die hohen Renditezahlen britischer Lebensversicherungen durch die Medien. 10 % sind einfach besser als 6 %. Oder etwa nicht?

Leider ist das Ganze wieder einmal nicht so einfach. Zweifellos gibt es hervorragende und leistungsfähige britische Versicherungsgesellschaften, übrigens die ältesten in Europa. Aber die Kapitalanlagevorschriften in Großbritannien sind weniger streng als die deutschen, deshalb legen britische Versicherungen traditionell spekulativer an als deutsche. Alle hohen Renditen aber werden durch ein erhöhtes Risiko erkauft. Das ist so sicher wie das Amen in der Kirche. Und so sieht das Risiko bei britischen Lebensversicherungen aus:

Bis zu 80 % der Versichertengelder dürfen bei britischen Gesellschaften in Aktien angelegt sein (zum Vergleich: In Deutschland sind es maximal 30 %, im Durchschnitt aber erheblich weniger). Dies kann zu erheblichen Rendite-Schwankungen führen. Das heißt: In langanhaltend guten Börsenzeiten sind mit einer britischen Lebensversicherung durchaus höhere Renditen zu erzielen als mit einer deutschen. In schwachen Börsenjahren hingegen lagen die Erträge teilweise deutlich unter denen deutscher Versicherungsgesellschaften.

Was zusätzlich dagegen spricht:
- Britische Versicherer garantieren keine Mindestverzinsung.
- Außerdem sollten Sie das Währungsrisiko nicht übersehen. Die Unsicherheit, ob Großbritannien an der Europäischen Währungsunion teilnehmen wird, macht dieses Risiko derzeit nicht kalkulierbar.
- Beiträge sind nicht steuerlich absetzbar. Die Beiträge in eine britische Lebensversicherung können Sie nicht als

Vorsorgeaufwendung steuerlich geltend machen, wie dies bei deutschen Versicherungen der Fall ist.
• Die Auszahlung am Ende der Laufzeit ist nicht steuerfrei.

Meine Meinung
Auch britische Versicherungsgesellschaften können nicht zaubern. Schließen Sie lieber als Basis eine Lebensversicherung bei einer leistungsstarken deutschen Gesellschaft ab und investieren Sie darüber hinaus zur Verfügung stehende Gelder in klassische, breit gestreute Aktienfonds.

Die Qual der Wahl –
Aktienfonds oder Lebensversicherung?

Mit der zunehmenden Popularität von Aktienfonds in den letzten Jahren sind in Deutschland geradezu erbitterte Glaubenskriege entflammt. 1997 und 1998, als die Aktienkurse von einem Höchststand zum anderen eilten, war täglich in den Medien zu hören oder zu lesen, welch gigantische Gewinnmöglichkeiten mit Aktien und Aktienfonds herauszuholen seien. Und welch mickrige Renditen doch dagegen die traditionellen Lebensversicherungen böten. Aktienfonds sind eben schick, Lebensversicherungen dagegen bieder. Wer auf sich hält, löst seine Lebensversicherungen auf und schichtet das Geld um in Aktienfonds. Schließlich ist man über Aktienfonds am Börsengeschehen dieser Welt beteiligt, und da werden ja bekanntlich Millionen gescheffelt.

Gerade in Zeiten gesteigerter Aktieneuphorie aber ist es wichtig, einen kühlen Kopf zu behalten und sich einmal ganz nüchtern diese beiden wichtigen und sinnvollen Altersvorsorge-Modelle genauer anzuschauen.

Vergessen wird nämlich in solchen Zeiten leicht, was jede Sportlerin weiß: daß es neben einem Spielbein immer auch ein Standbein geben muß. Also ein Bein, auf dem man sicher steht, während mit dem anderen gekickt, gestoppt, eben gespielt wird.

Die Lebensversicherung

Die Lebensversicherung in ihren vielfältigen Ausprägungen ist das »Standbein«, das war sie immer, und das sollte sie auch bleiben. Sie ist risikolos und überschaubar und dazu steuerlich begünstigt. Sie haben eine garantierte Mindestverzinsung und sind per Gesetz an den Überschüssen der Versicherungsgesellschaft beteiligt. Eine Rendite von 6 bis 7 % wurde in der Vergangenheit von guten Gesellschaften immer erzielt. Und diese Rendite fließt Ihnen steuerfrei zu. Das heißt, Sie müßten zum Beispiel bei einem persönlichen Steuersatz von 40 % mit einer festverzinslichen Geldanlage vor Steuern mehr als 10 % erzielen, um nach Steuern den gleichen Gewinn in der Tasche zu haben.

Aktienfonds

Haben Sie sich die Basisabsicherung über eine Lebensversicherung geschaffen, dann brauchen Sie einen Rendite-Turbo. Und über den verfügen Sie mit Aktienfonds, deshalb sind diese als »Spielbein« ideal. In der Vergangenheit haben gute, breit gestreute Aktienfonds durchschnittliche jährliche Renditen von 10 % gebracht.

Natürlich gibt es diese guten Ergebnisse nicht ohne Risiko. Das heißt aber nicht, daß Sie Gefahr laufen, Ihr ganzes Geld zu verlieren. Es heißt vielmehr, daß Sie mit mehr oder minder starken Kursschwankungen rechnen müssen. Diese Kursschwankungen wirken sich am negativsten aus, wenn Sie nur einige Jahre Anlagezeit vor sich haben. Viele Untersuchungen haben gezeigt, daß diese Schwankungen an Bedeutung verlieren, je weiter Ihr Anlagehorizont ist. Zehn Jahre und mehr sollten Sie zur Verfügung haben, dann stehen Sie nicht unter dem Druck, Ihren Aktienfonds zum falschen Zeitpunkt auflösen zu müssen.

Je mehr Zeit Sie für den Aufbau Ihres Vermögens zur Verfügung haben, desto höher kann der Anteil an Aktienfonds bei Ihren Vorsorgemaßnahmen sein.

Aktienanteil = 100 – Lebensalter ist eine Faustregel. Sie ergibt den prozentualen Anteil Ihres Vermögens, der in Aktien und Aktienfonds investiert sein sollte. Wenn Sie 30 Jahre alt sind, können Sie also 70 % Ihres Kapitals in Aktienfonds anlegen. Wenn Sie 55 sind, sollten es nur noch 45 % sein. Vorausgesetzt, und das ist bei solchen Formeln natürlich nicht berücksichtigt, daß Sie überhaupt die Nerven dazu haben. Wer jeden Tag gespannt die Kurse seines Fonds verfolgt und bei jeder kleinen Börsenschwäche und jedem kleinen DAX-Knick nachts nicht schlafen kann, sollte – Rendite hin oder her – lieber bei risikoloseren Anlageformen bleiben.

Meine Meinung

Die Devise in der Auseinandersetzung um die beste Altersvorsorge-Sparform kann also nicht heißen: Lebensversicherung *oder* Aktienfonds. Wenn es um den Aufbau eines Vermögens geht und es Ihre finanziellen Möglichkeiten erlauben, sollten Sie das eine tun und das andere nicht lassen. Beginnen Sie also mit einer auf Ihre Bedürfnisse zugeschnittenen Lebensversicherung, und investieren Sie immer dann in breit gestreute, international anlegende Aktienfonds, wenn Sie zusätzliche Beträge zur Verfügung haben.

Immobilien

Immobilien sind nach wie vor die klassische Sachwertanlage. Sie gelten als solide, wertbeständig und krisensicher und sollten deshalb Bestandteil jedes Vermögens sein. Es gibt verschiedene lukrative Möglichkeiten, in Immobilien zu investieren. Entscheidend sind Ihr Geldbeutel, Ihre steuerliche Situation, Ihre Risikobereitschaft und Ihr Wunsch nach einer pflegeleichten Geldanlage.

Die selbstgenutzte Immobilie

Sie ist ein wichtiger und sinnvoller Baustein Ihrer Altersvorsorge. Wenn Sie es schaffen, bis zum Rentenalter überwiegend schuldenfrei zu sein, sparen Sie die Miete und haben dadurch mehr Geld für die schönen Dinge des Lebens zur Verfügung. Darüber hinaus erhöht natürlich die eigene Wohnung, das eigene Haus für viele Menschen die Lebensqualität.

Der Staat fördert den Immobilienerwerb zur Eigennutzung durch die Eigenheimzulage und durch das Baukindergeld. Sie erhalten acht Jahre lang pro Jahr 5000 DM beim Kauf einer Neubau-Immobilie oder 2500 DM beim Kauf einer Altbau-Immobilie. Pro Kind kommen noch weitere 1500 DM pro Jahr dazu. Insgesamt gibt es vom Staat also in acht Jahren

	Kauf eines Neubaus	Kauf eines Altbaus
Alleinstehende	40 000 DM	20 000 DM
Ehepaar	40 000 DM	20 000 DM
mit 1 Kind	52 000 DM	32 000 DM
mit 2 Kindern	64 000 DM	44 000 DM
mit 3 Kindern	76 000 DM	56 000 DM.

Den staatlichen Zuschuß gibt es allerdings nur dann, wenn Sie nicht mehr als 120 000 DM im Jahr verdienen (Verheiratete 240 000 DM). Für die Bemessung werden das Einkommen im Jahr des Immobilienkaufs und des Vorjahres herangezogen. Sie dürfen in diesen beiden Jahren zusammen nicht mehr als 480 000 DM als Verheiratete oder 240 000 DM als Alleinstehende verdient haben. Wenn Sie dann in den folgenden acht Jahren der Förderung die Einkommensgrenze überschreiten, spielt das keine Rolle. Sie verlieren die Förderung dadurch nicht.

Die Eigenheimzulage kann pro Person nur einmal im Leben in Anspruch genommen werden. Wenn Sie bereits früher Förderungen nach § 10e EStG oder § 7b EStG erhalten haben, können Sie die Eigenheimzulage kein zweites Mal mehr beanspruchen.

Neben der staatlichen Förderung brauchen Sie natürlich noch ein erhebliches Eigenkapital, wenn die Immobilie nicht zum Klotz am Bein werden soll, die Ihnen jede Lebensfreude vergällt. Je mehr Eigenkapital, desto besser, muß bei der selbstgenutzten Immobilie die Devise sein. Denken Sie daran: Der beste Kredit ist der, den Sie nicht brauchen!

Mit einem Eigenkapital von 40 % der Gesamtsumme (das ist der Kaufpreis plus Nebenkosten wie Notar, Grunderwerbsteuer, Makler usw.) sind Sie auf der sicheren Seite. Mit weniger als 20 % Eigenkapital können Sie es nur wagen, wenn Sie sehr gut verdienen und / oder wenn später freiwerdende, größere Sparbeträge zu Sondertilgungen eingesetzt werden können. Bei einem hohen Eigenkapitaleinsatz hat die Bank auch eine größere Sicherheit und kann Ihnen mit dem Zinssatz etwas entgegenkommen. Die Absicherung der Angehörigen über eine Risiko-Lebensversicherung ist bei hohen Schulden dringend notwendig.

Finanzierung

Die günstigste Form der Finanzierung bei der selbstgenutzten Immobilie ist das sogenannte Annuitäten-Darlehen bei einer Bank oder Sparkasse. Dabei zahlen Sie gleichbleibende Raten für Zins und Tilgung an Ihre Bank. In den ersten Jahren begleichen Sie mit diesen Raten überwiegend die Kreditzinsen und tilgen nur wenig. Da Sie aber mit jeder Rate ein bißchen von Ihrem Kredit zurückzahlen, verringern sich mit der Zeit Ihre Zinszahlungen, während die Summen für die Tilgung steigen.

In keiner Weise sinnvoll, aber oft gemacht, ist die Finanzierung einer selbstgenutzten Eigentumswohnung über eine Lebensversicherung. Bei dieser Form der Finanzierung wird die Schuld nicht kontinuierlich getilgt, sondern erst am Ende der Laufzeit in einer Summe. Sie haben also über viele Jahre hinweg eine gleichbleibend hohe Zinsbelastung. Diese Art der Baufinanzierung ergibt nur dann einen Sinn, wenn Sie eine Immobilie erwerben und sie vermieten, weil Sie bei einer vermieteten Immobilie die von der Miete nicht gedeckten Schuldzinsen steuerlich geltend machen können.

Eine teilweise Finanzierung über einen Bausparvertrag ist sinnvoll, wenn der Bausparvertrag beim Kauf bereits besteht und zuteilungsreif ist. Wenn in den Folgejahren Auszahlungen aus Sparverträgen oder Versicherungen fällig werden, sollten diese zusätzlich für Sondertilgungen eingesetzt werden. Ebenso natürlich die Eigenheim-Zulage.

Vorteile einer selbstgenutzten Immobilie

+ Sie sind sicher vor Kündigung und Mieterhöhung
+ Sie sind unabhängig von einem Vermieter
+ Sie sind freier in Ihrer Lebensgestaltung
+ Sie wohnen im Alter mietfrei
+ Sie erhalten bei entsprechendem Einkommen staatliche Förderung.

Nachteile

− In den ersten Jahren haben Sie in der Regel eine höhere Belastung als MieterInnen
− Sie sind auf Jahrzehnte hinaus mit hohen Schulden belastet
− Die Nebenkosten bei Immobilien sind für EigentümerInnen deutlich höher als für MieterInnen
− Außerdem fallen hohe Nebenkosten an beim Erwerb (Grunderwerbsteuer, Notar, Grundbucheintragung = ca.

6 % der Kaufsumme, dazu kommt die ortsübliche Maklercourtage!)
– Eine Immobilie macht immobil, frau ist also beruflich
nicht so beweglich.

Die vermietete Immobilie

Sie könnte der erste Schritt zum Immobilienvermögen sein.
Miete und Steuerersparnis helfen Ihnen hier, Ihre Immobi-
lie zu finanzieren. Deshalb benötigen Sie auch nicht so viel
Eigenkapital.

Als klassische Sachwertanlagen können Immobilien einen
Inflationsausgleich bieten. Allerdings verlangen sie bei einem Engagement von Ihnen mehr Voraussetzungen als Le-
bens- bzw. Rentenversicherungen und Aktienfonds, in die
Sie auch regelmäßig kleinere Summen einzahlen können.
Für eine Immobilie müssen Sie ein finanzielles Polster haben
und sollten über ein dauerhaft gutes Einkommen verfügen.

Bisher gab es bei Neubau- und bei Altbau-Immobilien
unterschiedlich hohe steuerliche Abschreibungsmöglichkeiten. Hier kommt es derzeit zu einer Reihe gravierender
Änderungen. Sprechen Sie unbedingt mit Ihrer Steuerberaterin / Ihrem Steuerberater, um die für Sie steuerlich günstigste Investitionsform zu finden.

Mit Eintritt in das Rentenalter sollte die Immobilie schuldenfrei sein. Sie haben dann als zusätzliche Einnahme den
Mietertrag. Da dieser Mietertrag im Laufe der Jahre steigen
wird, verfügen Sie über eine Art dynamischer Rente. Aber
Sie können natürlich die Immobilie auch verkaufen und das
Geld z. B. in eine »sofort beginnende private Rentenversicherung« einzahlen (siehe S. 70 f.).

Finanzierung

Bei einer vermieteten Immobilie kann es sich lohnen, nicht laufend zu tilgen, sondern statt dessen in eine Kapital-Lebensversicherung einzuzahlen. Sie haben dann über die gesamte Laufzeit hinweg eine gleich hohe Schuldenbelastung, können aber die Schuldzinsen steuerlich geltend machen. Die Schulden tilgen Sie dann mit der steuerfreien Auszahlung aus der Lebensversicherung am Ende der Laufzeit.

Hüten sollten Sie sich jedoch vor einer Tilgung über Aktienfonds. Auch hier wird der Kredit nicht laufend getilgt. Statt dessen wird regelmäßig in einen Aktienfonds eingezahlt. Wenn die Zinsbindung ausläuft, z.B. nach zehn Jahren, soll mit dem bis dahin angesparten Kapital die Schuld ganz oder teilweise getilgt werden. Verkauft wird dieses Modell meist mit der Aussage, Aktienfonds hätten in der Vergangenheit durchschnittlich pro Jahr über 10 % Rendite gebracht. Es ist zwar richtig, daß Aktienfonds bisher sehr gute Ergebnisse gebracht haben. Eine Garantie für die Zukunft gibt es aber nicht. Sie müssen außerdem bei Aktien und Aktienfonds immer mit teilweise erheblichen Kursschwankungen und Durststrecken rechnen. Wenn Sie diese »aussitzen« können, also das Geld auf unbestimmte Zeit zur langfristigen Vermögensmehrung anlegen wollen, dann sind Kursschwankungen und Durststrecken kein Problem. »Aussitzen« ist aber nicht möglich, wenn das Geld zu einem bestimmten Zeitpunkt zur Tilgung benötigt wird. Deshalb rate ich von diesem Tilgungsmodell ab. Ich empfehle ein Annuitäten-Darlehen wie auf Seite 87 beschrieben oder die Tilgung über eine Kapital-Lebensversicherung.

Vorteile einer vermieteten Immobilie

+ stabile, inflationssichere Geldanlage
+ Steuervorteile
+ der Gewinn aus dem Verkauf einer Immobilie ist steuer-

frei, wenn die Immobilie mindestens zehn Jahre in Ihrem
Besitz war
+ laufende Mieteinnahmen
+ eventuell Wertzuwachs.

Nachteile

– eventuell Ärger mit MieterInnen und das Risiko des
  Mietausfalls
– keine pflegeleichte Geldanlage
– hohe Nebenkosten beim Erwerb (Grunderwerbsteuer,
  Notar, Grundbucheintragung = ca. 6 %. Dazu kommt die
  ortsübliche Maklercourtage!)
– eventuell Verlust beim Verkauf zu einem ungünstigen
  Zeitpunkt.

Offene Immobilienfonds

Das sind Investmentfonds, bei denen Ihr Geld nicht in
Wertpapieren, sondern in gewerblichen Immobilien angelegt wird. Offen werden sie genannt, weil die Zahl der Anleger nicht beschränkt ist. Es werden ständig Fondszertifikate ausgegeben und zurückgenommen, neue Immobilien
erworben und alte verkauft. Das ist einer der Unterschiede
zu Geschlossenen Immobilienfonds, die nachfolgend beschrieben werden.

Offene Immobilienfonds haben in ihrem Bestand in der
Regel mindestens zehn, manchmal sogar mehr als 100 verschiedene Immobilien aus unterschiedlichen Lagen und
Branchen. Seit einigen Jahren investieren Offene Immobilienfonds auch im europäischen Raum, z. B. in Holland oder
in Großbritannien. In diesen Ländern sind teilweise höhere
Renditen zu erzielen.

Die Wertentwicklung Offener Immobilienfonds weist
kaum Schwankungen auf. Die durchschnittliche Rendite in

den vergangenen Jahren lag bei 5 bis 7 %. Ein besonderer Vorteil: Je nach Art des Fonds sind ein bis zwei Drittel des Ergebnisses steuerfrei.

Offene Immobilienfonds sind eine wertbeständige und steuerlich günstige Geldanlage. Sie sollten deshalb Bestandteil jeder ausgewogenen Vermögensstreuung sein.

Geschlossene Immobilienfonds

Anders als bei Offenen Immobilienfonds beteiligen Sie sich hier in der Regel nur an einer (in einigen Fällen auch an zwei, drei oder mehr) gewerblichen Großimmobilien wie Büro- und Verwaltungsgebäude, Einkaufszentrum, Warenhaus, Fach- und Verbrauchermärkte usw. Bei einzelnen Fonds kann dazu ein geringer Anteil an Wohnimmobilien enthalten sein.

Die Investitionssummen für Groß-Immobilien, z. B. für ein Bürohaus, liegen in Millionenhöhe. Um diese zu finanzieren, werden Anteile an Einzelanleger, in der Regel ab 20 000 DM (+5% einmalige Gebühren) verkauft. Ist das zur Finanzierung der Immobilie nötige Kapital auf diese Weise erbracht, wird der Fonds geschlossen, d. h. es können dann keine Anteile mehr erworben werden.

Jede Anlegerin ist Mitgesellschafterin. Das hat die Konsequenz, daß Sie steuerlich wie eine Bauherrin behandelt werden. Sie haben also durch eine Beteiligung oft auch Steuervorteile. Andererseits haben Sie natürlich auch, wie eine Bauherrin, ein gewisses unternehmerisches Risiko.

Geschlossene Immobilienfonds gibt es in der Rechtsform der KG (Kommanditgesellschaft: Anleger haften nur für das eingesetzte Kapital) oder der GbR (Gesellschaft des bürgerlichen Rechts: Anleger haften unbeschränkt).

Es gibt drei Arten von Geschlossenen Immobilienfonds, die sich, je nach Lebenssituation, zur Altersversorgung eignen:

Steuerorientierte Immobilienfonds

Diese bieten Verlustzuweisungen in der Investitionsphase, die Sie mit Ihren persönlichen Einkünften verrechnen können. Dadurch ergeben sich im ersten oder in den ersten Jahren Einsparungen bei der Einkommensteuer. Ein Teil Ihres eingesetzten Kapitals fließt also bald wieder an Sie zurück. In den Folgejahren haben Sie regelmäßige Ausschüttungen, meist ein- oder zweimal jährlich. Diese Ausschüttungen sind durch die Abschreibungen auf die Immobilien über lange Jahre zu ca. zwei Drittel steuerfrei.

Steuerorientierte Fonds sind zum Beispiel dann für Sie geeignet, wenn Sie in den Jahren vor Ihrem Ruhestand sehr gut verdienen und eine hohe Steuerlast zu tragen haben. Sie sparen mit einer Beteiligung Steuern und haben in den Folgejahren laufende, steuerlich begünstigte Ausschüttungen.

Ausschüttungsorientierte Immobilienfonds

Ausschüttungsorientierte Fonds mit Inlandsimmobilien

Diese Geschlossenen Immobilienfonds haben das Ziel, langfristig hohe Ausschüttungen zu erwirtschaften. Auch hier haben Sie steuerlich wirksame Verlustzuweisungen. Diese sind deutlich geringer als bei den steuerorientierten Fonds. Dafür sind die Ausschüttungen höher (zwischen 6 und 7 %) und über lange Jahre überwiegend steuerfrei.

Ausschüttungsorientierte Fonds mit Auslandsimmobilien

Dies ist eine relativ neue, aber hochinteressante Variante der Geschlossenen Immobilienfonds. Investiert wird hier nicht in Deutschland, sondern im europäischen Ausland, und zwar aus folgendem Grund: Zwischen der Bundesrepublik Deutschland und verschiedenen Ländern gibt es ein Doppelbesteuerungsabkommen (DBA). Dieses DBA besagt, daß Einkommen, das in einem anderen Land erzielt und dort nicht besteuert wird, auch in Deutschland nicht versteuert werden muß. Es gilt lediglich der Progressionsvorbehalt. Das heißt, die steuerfreien Einnahmen werden zu Ihrem zu versteuernden Einkommen fiktiv hinzugerechnet. Der daraus ermittelte höhere Durchschnitts-Steuersatz wird dann auf das zu versteuernde Einkommen angewendet.

Sehr beliebt sind die sogenannten Holland-Fonds, die verstärkt in den letzten Jahren auf den Markt kamen. Hollands Gewerbeimmobilien sind relativ günstig zu erwerben und bieten gute Mietrenditen, die ausnahmslos indexiert sind. Das heißt, sie steigen im Laufe der Jahre. Holland-Fonds brachten in den vergangenen Jahren zwischen 6,5 und 7,5 % an jährlicher Ausschüttung, die im Rahmen des Doppelbesteuerungsabkommens weitgehend steuerfrei bleiben. Das bedeutet konkret, Sie können als Alleinstehende ca. 150000 bis 200000 DM (Verheiratete das Doppelte) in einem Holland-Fonds anlegen, beziehen eine hohe Ausschüttung und zahlen keine Steuern dafür. Es gilt nur der sogenannte Progressionsvorbehalt.

Eine Verlustzuweisung, also eine Möglichkeit, die Steuerschuld direkt zu reduzieren, gibt es bei Fonds mit Auslandsimmobilien allerdings nicht. Fonds mit Auslandsimmobilien sind also sehr gut geeignet für alle, die den Freibetrag für Zinserträge bereits ausgeschöpft haben.

Geschlossene Immobilienfonds, die das Doppelbesteuerungsabkommen nutzen, gibt es auch mit den USA und England. Hier müssen Sie allerdings das Währungsrisiko berücksichtigen, da diese Länder nicht der Europäischen Währungsunion angehören und die Ausschüttungen in der jeweiligen Landeswährung erfolgen. Fonds mit Immobilien in anderen europäischen Ländern sind von verschiedenen Initiatoren ebenfalls geplant.

Vorteile von Geschlossenen Immobilienfonds

+ Steuerersparnis bei Steuersparfonds; hohe und steuerlich sehr günstige Ausschüttungen bei ausschüttungsorientierten Fonds
+ regelmäßige Erträge aus Mieteinnahmen
+ Beteiligung an einer Sachwertanlage und damit Schutz vor Inflation ist schon mit relativ wenig Kapital möglich
+ keine laufenden Kosten
+ kein Zeitaufwand
+ sehr bequeme Immobilienanlage. Sie haben mit der Verwaltung und der Betreuung der Immobilien nichts zu tun
+ eventuell Wertsteigerungen beim späteren Verkauf.

Nachteile

– Ihr Kapital ist lange gebunden, in der Regel ca. 20 Jahre
– vorzeitiger Verkauf ist zwar möglich, aber nicht einfach
– geringere Risikostreuung als bei Offenen Immobilienfonds
– da es sich bei den Ausschüttungen um Mieteinnahmen handelt, können diese nicht garantiert werden.

Meine Meinung

Die Geschlossenen Immobilienfonds, die in den letzten Jahren negative Schlagzeilen machten, sind ausnahmslos Steuersparfonds mit (oft nicht oder nur teilweise vermieteten) Immobilien in den neuen Bundesländern. Die von mir beschriebenen Geschlossenen Immobilienfonds sind grundsätzlich eine solide und interessante Form der Immobilienanlage. Mit einem guten Fonds eines seriösen und erfahrenen Anbieters verfügen Sie über eine sichere und wertbeständige Sachwertanlage.

Wichtig

- Grundsätzlich sind Geschlossene Immobilienfonds, hinter denen eine Bank oder eine Versicherungsgesellschaft steht, sicherer und gegenüber einem privaten Fondsinitiator zu bevorzugen, es sei denn, letzterer kann eine langjährige Erfahrung vorweisen.

- Achten Sie darauf, ob der Fondsinitiator auf eine positive Leistungsbilanz verweisen kann.

- Bevorzugen Sie Fonds, mit denen Sie sich an soliden Immobilien an guten Gewerbestandorten beteiligen. Achten Sie darauf, daß die Immobilien längerfristig vermietet sind, und schauen Sie auf die Qualität der Mieter.

- Kaufen Sie keinen Fonds, mit dem Sie sich an einem Hotel, einer Klinik oder einem Seniorenheim beteiligen. Bei diesen sogenannten Betreiberimmobilien kommt es nicht auf die Qualität der Immobilie an, sondern auf die Qualität des jeweiligen Managements. Und dieses Management kann wechseln, kann Fehler begehen oder nicht solide wirtschaften. Das Risiko ist also bei dieser Art der Beteiligung ungleich höher als bei einem soliden Fonds mit Büroimmobilien.

Besonders wichtig: Durch die Steuerreform 1999 ändern sich gerade im Bereich der Immobilienanlagen die steuerlichen Abschreibungsmöglichkeiten erheblich. Sprechen Sie vor einer Investition unbedingt mit Ihrer Steuerberaterin / Ihrem Steuerberater.

Sie kennen jetzt die wichtigsten Bausteine für Ihr Vermögen im Alter. Nun müssen Sie noch wissen, welche Geldanlagen nicht für den Aufbau eines Vermögens geeignet sind. Und Sie sollten auch noch die Fallstricke kennen, in denen sich Anlegerinnen allzuleicht verfangen.

Sie lesen also auf den folgenden Seiten über ungeeignete Geldanlagen, Gauner und Betrüger, Geschäftemacher und Abzocker und über Gurus und Propheten.

Stolpersteine auf dem Weg zum Vermögen

Ungeeignete Geldanlagen

Nicht jede Geldanlage ist zum *Aufbau* eines Vermögens für die Altersversorgung geeignet, auch wenn die Anlage selbst seriös ist. Bei manchen Geldanlagen ist einfach die Rendite zu gering, bei einigen müssen die Erträge versteuert werden, und andere wiederum sind zu spekulativ.

Aus diesen Gründen sollten Sie beim langfristigen Vermögensaufbau nicht auf die folgenden Bausteine setzen:

Bausparverträge

Viele Frauen haben einen oder mehrere Bausparverträge, meist mit Bausparsummen von 30 000, 40 000 oder 50 000 DM. Diese Art Bausparverträge ist letztlich zu nichts nutze: Zum Immobilienerwerb sind die Bausparsummen zu klein, als Sparvertrag zum Ausnutzen der Wohnungsbauprämie sind die Bausparsummen zu groß (also die Gebühren zu hoch). Und für die Altersversorgung sind diese Verträge wegen der geringen Verzinsung in keiner Weise geeignet.

Ein Bausparvertrag ist nur dann interessant, wenn

• Sie vorhaben, in einigen Jahren eine Immobilie zu erwerben. Dann kann ein Bausparvertrag sehr sinnvoll für Sie sein. Sie wissen ja nicht, wie hoch die Hypothekenzinsen zu dem Zeitpunkt sind, an dem Sie Ihren Immobilienkauf verwirklichen wollen. Nur über einen Bausparvertrag können Sie sich vorab eine langfristige Zinssicherheit verschaffen. Einen Sinn ergibt solch ein Bausparvertrag aber nur in einer entsprechenden Höhe. Also nicht der

Vertrag über 30 000 DM ist hier sinnvoll, sondern der über 100 000 DM oder höher, je nach Eigenkapital und Höhe des voraussichtlichen Kaufpreises;

- Ihr zu versteuerndes Einkommen im Jahr unter 50 000 DM liegt (bei Verheirateten 100 000 DM). Dann erhalten Sie die staatliche Wohnungsbauprämie von maximal 100 DM bei 1000 DM Einzahlung im Jahr (Verheiratete 200 DM bei 2000 DM). Für diese Art Bausparverträge bieten einige Bausparkassen Zinsen von 5 %, wenn Sie den Vertrag mindestens sieben Jahre behalten und kein Bauspardarlehen beanspruchen. Für solche Verträge reicht eine Bausparsumme von 10 000 DM (20 000 DM bei Verheirateten), da Sie ja kein Darlehen beanspruchen. Die Höhe der Bausparsumme ist wichtig, denn auf die Bausparsumme werden die Gebühren berechnet. Je höher die Bausparsumme, desto höher die Gebühren.

Festgeld

Vielen Frauen kommt Festgeld, auch Termingeld genannt, mit seiner schnellen Verfügbarkeit, seiner Überschaubarkeit und Risikolosigkeit sehr entgegen. Empfehlenswert ist Festgeld dann, wenn Sie in einem überschaubaren Zeitraum Ihr Geld wieder benötigen. Oder wenn Sie aus einer Erbschaft, einem Immobilienverkauf und ähnlichem eine größere Summe erhalten und diese parken möchten, bis Sie Ihre endgültige Anlageentscheidung getroffen haben. Zum Aufbau eines Vermögens für die Absicherung im Alter sind Festgeldkonten wegen der geringen Rendite nicht geeignet.

Sparbücher

Das Sparbuch mit gesetzlicher Kündigungsfrist ist geeignet für die eiserne Reserve, also für Geld, das im Notfall schnell verfügbar sein muß. Aber auch da sollten Sie nicht einfach auf Ihre Hausbank vertrauen, sondern die Konditionen verschiedener Banken vergleichen. Zur Vermögensbildung ist das Sparbuch wegen der zu geringen Verzinsung auf jeden Fall ungeeignet.

Vorsorgesparpläne

Hier handelt es sich um langfristige Sparpläne, die unter vielen verschiedenen Bezeichnungen bei allen Banken und Sparkassen angeboten werden. Zur Altersversorgung eignen sich diese Sparpläne allerdings nicht. Zum einen liegt die Verzinsung in der Regel deutlich unter der von Lebensversicherungen, zum anderen ist der Ertrag nicht steuerfrei. Ein Manko, das auch durch zusätzliche Bonuszahlungen nicht ausgeglichen werden kann.

Gold

Gold bringt keine Zinsen. Sie haben also keinen laufenden Ertrag. Und Sie müssen das Gold irgendwo deponieren. Der Wäscheschrank ist dafür ungeeignet, also brauchen Sie ein Bankschließfach. Dafür zahlen Sie etwa 100 DM im Jahr. Der Goldpreis müßte in den nächsten Jahren schon kräftig steigen, um Zinsverlust und Kosten auszugleichen. Und das ist leider nicht in Sicht.

Diamanten

In politisch und wirtschaftlich unsicheren Zeiten wächst das Interesse an Gold und Diamanten, also an vermeintlich sicheren Sachwertanlagen. Auch hier gilt das gleiche, was ich schon über das Gold gesagt habe: Diamanten verzinsen sich nicht. Es handelt sich also um totes Kapital, das erst bei einem Verkauf Gewinn bringen könnte, falls bis dahin eine Wertsteigerung stattgefunden hat. Diese Wertsteigerung ist fraglich, da zwischen Kauf- und Verkaufspreis eine hohe Spanne liegt, die bis zu 50 % betragen kann und die erst »verdient« werden muß.

Zudem nimmt auch in diesem Bereich die Kriminalität

zu. Wissenschaftliche Labors sind heute in der Lage, perfekte Fälschungen herzustellen, die nur durch teure Verfahren entdeckt werden können. Besondere Vorsicht ist angebracht bei Diamanten, die in Plastikfolien eingeschweißt sind und sich dadurch nicht genau prüfen lassen. Kaufen Sie also Diamanten als Schmuck, wenn Sie Freude daran haben, aber zum Aufbau eines Vermögens zur Altersvorsorge sind sie absolut nicht geeignet.

Studenten-Appartements

Bei manchen Anlegerinnen ist die Fixierung auf Immobilien sehr stark. Weil aber das nötige Eigenkapital für eine größere Wohnung fehlt, werden 1-Zimmer-Wohnungen, meist Studenten-Appartements, gekauft. Ich rate dringend davon ab. Es hat sich erwiesen, daß Einraumwohnungen meist nur vorübergehend gemietet werden, das heißt, die Fluktuation ist bei diesen Wohnungen besonders groß. Dies wirkt sich auf die Behandlung der Wohnung nachteilig aus und macht viel Arbeit (Mietersuche etc.).

Wer nur vorhat, ein halbes Jahr oder ein Jahr in einer Wohnung zu bleiben, kümmert sich meist wenig um diese, um das Haus oder um gute Nachbarschaft. Erfahrungsgemäß können Studenten-Appartements nur sehr schlecht, oft nur mit großem Verlust, weiterverkauft werden.

Finanz-Derivate

Unter dieser Bezeichnung wird eine Fülle von spekulativen Innovationen auf den Finanzmärkten zusammengefaßt. Sie heißen Optionsscheine, Optionen, Futures oder Warentermingeschäfte. In der Regel handelt es sich dabei um Termingeschäfte, das heißt, der Termin der Kontrakterfüllung liegt in der Zukunft. Ursprünglich ging es dabei um Optionen auf Aktien, also um das Recht, Aktien innerhalb einer bestimmten Frist zu einem vereinbarten Preis zu kaufen oder zu verkaufen.

Inzwischen gibt es Optionen nicht nur auf Aktien, sondern auch auf Anleihen, auf Edelmetalle, auf Währungen, auf Rohstoffe usw. Altbundeskanzler Helmut Schmidt schrieb im Oktober 1998 in der ZEIT unter dem Titel »Vorsicht, Finanzhaie« über hochspekulative Geldanlagen: »Die Derivate – davon gibt es inzwischen Tausende – sind für keinen normal begabten Bürger zu verstehen. Es handelt sich um äußerst komplizierte, mathematisch erklügelte Wetten darauf, daß eine Währung, eine Aktie, ein Korb von Wertpapieren oder ein Zins steigt oder fällt ... Von zwölf Vorstandsmitgliedern einer Bank verstehen höchstens drei, welche Risiken ihre Händler eingehen.«

Mit einem soliden Vermögensaufbau, Vermögensplanung und Substanzerhalt haben diese hochspekulativen Geldanlagen also nichts zu tun. Sie sollten sich nur dann damit befassen, wenn Sie abgesichert sind, Geld übrig haben und bewußt damit spekulieren wollen, also auch den Totalverlust riskieren können.

Gauner und Betrüger

Adele Spitzeder hieß sie. 1868 kam sie aus Berlin nach München. Nachdem sie als Schauspielerin nur wenig erfolgreich war, hatte sie eine grandiose Idee: Sie gründete eine Bank oder jedenfalls so etwas ähnliches. Wer ihr Geld leihe, bekomme hohe Zinsen, verkündete sie. Und in der Tat, 96 % Zinsen im Jahr zahlte sie jedem, der bei ihr Geld hinterlegte. Das sprach sich herum, und bald konnte sich die Spitzeder vor Zulauf nicht mehr retten. Schon vor Sonnenaufgang standen Menschenschlangen vor ihrer Tür, um ihr Geld loszuwerden. Sogar mit Heuwagen und Schubkarren schleppten die Leute Geld herbei. Viele Bauern und Dienstmädchen waren darunter.

Von einem Bankbetrieb konnte allerdings nicht die Rede

sein. Von Buchhaltung hatte die Spitzeder keine Ahnung. Dafür gab sie das Geld mit beiden Händen aus. Sie umgab sich mit schönen jungen Mädchen, hielt livrierte Diener, kutschierte vierspännig durch München und residierte in einem Palais in der Münchner Innenstadt.

Bis die Seifenblase platzte: Als 40 Gläubiger ihr Geld zurückhaben wollten, war die Spitzeder bankrott und wanderte für drei Jahre ins Zuchthaus.

»Das war vor hundert Jahren«, sagen Sie nun vermutlich. »So etwas gibt es doch heute nicht mehr.« Aber Raffgier und Wunderglaube halten sich hartnäckig über Jahrhunderte. Der Spruch »Gier frißt Hirn« hat auch 100 Jahre nach Adele Spitzeder noch seine Gültigkeit.

1997 wurde vor Gericht einer der größten Betrugsfälle der Nachkriegszeit verhandelt, das Schneeballsystem des European Kings Club. Die Parallelen zum Fall Spitzeder sind verblüffend. Auch beim European Kings Club war die Initiatorin eine charismatische Frau. Auch hier gab es das Versprechen höchster Zinsen. 72 % zahlte der European Kings Club. Und wie vor hundert Jahren bei Adele Spitzeder schleppten die Leute kofferweise Bargeld zu den Vortragsveranstaltungen. Nur handelte es sich diesmal, anders als vor hundert Jahren, nicht überwiegend um Bauern und Dienstmädchen, sondern zu einem hohen Prozentsatz um Rechtsanwälte, Steuerberater und Ärzte.

Der European Kings Club konnte über Jahre hinweg sein Unwesen treiben, weil viele der AnlegerInnen keine Anzeige erstatten konnten. Sie hatten das vermeintlich todsichere Geschäft mit Schwarzgeld abgeschlossen! 94 000 AnlegerInnen verloren dabei ca. 850 Millionen DM! Mittlerweile sind alle Beteiligten zu langjährigen Haftstrafen verurteilt und sitzen hinter Gittern.

Das Muster

Beinahe täglich berichten mir AnlegerInnen von Angeboten, die sie erhalten haben. Die Angebote ähneln sich auffallend:

- häufig gibt es die Supertips für das »todsichere Geschäft« durch elegant gekleidete, wortgewandte Herren auf Parties, im Freundeskreis, natürlich hinter vorgehaltener Hand;
- so gut wie immer ist angeblich eine namhafte Schweizer oder Liechtensteiner Vermögensverwaltung eingeschaltet, deren Name aber nicht genannt wird;
- so gut wie immer soll es sich um Geschäfte handeln, die auf raffinierte Weise »den Banken« einen Teil ihrer Gewinne abluchsen. So etwas freut natürlich alle AnlegerInnen;
- und immer soll es fest zugesagte Zinsen geben, die weit über dem aktuellen Zinsniveau liegen, also zwei, drei oder mehr Prozent Zinsen im Monat, das sind 24, 36 oder mehr Prozent im Jahr!

So gut wie immer handelt es sich bei den scheinbar so verlockenden Angeboten um sogenannte Schneeballsysteme, die folgendermaßen funktionieren: Aus den jeweils neu von AnlegerInnen eingezahlten Geldern werden eine Zeitlang die Zinsen für die ersten AnlegerInnen gezahlt. Die Erstinvestoren erhalten somit die »Bestätigung«, daß das System wirklich funktioniert. Sie sollen dadurch dazu gebracht werden, weiteres Geld zu investieren und anderen von der tollen Gewinnchance zu erzählen.

Ein Schneeballsystem läuft natürlich nur, solange Nachschub kommt. Bleibt dieser Nachschub aus, übersteigen die »Zinszahlungen« sehr bald die Einnahmen, und das ganze System bricht zusammen.

So verständlich der Wunsch ist, auf leichte Weise, bei absoluter Sicherheit und in kurzer Zeit sehr viel Geld zu verdienen, so klar muß Ihnen sein, daß es so etwas nicht gibt.

Außerdem: Warum sollte jemand, der einen »Goldesel« gefunden hat, Sie daran beteiligen wollen, statt selbst reich zu werden? Weil er ein Menschenfreund ist? Weil er Sie so sympathisch findet?

Im folgenden schildere ich Ihnen einige grundsätzliche Verhaltensweisen, bei denen Ihre »Alarmglocken« immer schrillen sollten. Höchste Vorsicht und größtes Mißtrauen sind geboten, wenn

- Ihnen Unbekannte telefonisch Geldanlagen anbieten. Dies ist eine der häufigsten Methoden von unseriösen Geschäftemachern und Betrügern, Kontakt aufzunehmen. Meist sind Sie in ein Verkaufsgespräch verwickelt, bevor Sie es merken. Telefonverkäufer sind besonders geschult, Sie mit Reizworten wie »Steuern sparen«, »20 % Rendite«, »bankgarantiert« usw. neugierig zu machen. Lassen Sie sich auf kein Gespräch ein, legen Sie den Hörer auf;
- Ihnen höchste Gewinne bei absoluter Sicherheit versprochen werden. Die »eierlegende Wollmilchsau« gibt es nicht. Alle höheren Renditen sind mit höheren Risiken verbunden;
- Sie Ihr Geld dem Berater oder Vermittler persönlich übergeben oder auf dessen Konto überweisen sollen;
- der Firmensitz oder die Geschäftsadresse in Liechtenstein, Panama, auf den Bahamas oder in anderen exotischen Ländern ist;
- Sie zum Abschluß gedrängt werden. Es gibt nur wenige wirklich einmalige Gelegenheiten, bei denen Sie sofort zugreifen müssen.

Denken Sie daran: Betrüger könnten nicht betrügen, wenn sie auf Anhieb als Gauner erkennbar wären. Betrüger sind eloquent, sehen häufig gut aus, sind sehr gut gekleidet, haben beste Manieren und arbeiten mit allen verfügbaren psychologischen Tricks.

»Mir kann das nicht passieren«

Das sagen Sie, denn Sie sind intelligent, erfolgreich und vielleicht auch akademisch gebildet? Und Sie sind deshalb sicher, daß Sie ganz bestimmt nie auf einen Betrüger hereinfallen würden? Da muß ich Sie leider enttäuschen: Die klassische Klientel für Betrüger im Geldanlagebereich ist intelligent, erfolgreich und akademisch gebildet, zahlt hohe Steuern und hat wenig Zeit und Lust, sich mit dem Thema Geldanlagen zu befassen.

Ein Beispiel für viele:

Uta Z., Diplom-Ingenieurin, ist beruflich voll ausgelastet und hat wenig Zeit, sich um ihre privaten Angelegenheiten zu kümmern. Meist gammelt ein größerer Betrag auf ihrem Girokonto vor sich hin. Jochen K., der Freund eines Freundes, kommt ihr deshalb wie gerufen. Er könne ihr bei einer renommierten Vermögensverwaltung in der Schweiz jährliche Zinsen von über 20 % garantieren. Uta Z. ist begeistert. Sie übergibt ihm einen Betrag von 50 000 DM in bar. Im ersten Jahr erhält sie die versprochenen Zinserträge. Im zweiten Jahr allerdings ist Jochen K. abgetaucht: »Kein Anschluß unter dieser Nummer«, heißt es, wenn sie versucht, ihn telefonisch zu erreichen. Die Briefe, die sie ihm schreibt, kommen mit dem Vermerk »Unbekannt verzogen« zurück.

Uta Z. hat weder Unterlagen über das Depot in der Schweiz noch über die Geldanlage selbst. Rechtliche Schritte sind ihr also nicht möglich.

Anlegerschützer bezeichnen diese Art Geschäfte zynisch als »100 %-Modell«, weil das Geld mit ziemlicher Sicherheit zu 100 % verloren ist.

Und das sind die häufigsten Fallen, in denen sich AnlegerInnen fangen:

Die Habgierfalle

Die Habgier vernebelt den Blick auf die Realität. Die Hoffnung, in kurzer Zeit, quasi über Nacht, viel Geld zu machen, setzt bei manchen AnlegerInnen die Denkfähigkeit außer Kraft. Nicht selten erlebe ich Geringschätzung oder Empörung, wenn ich dazu rate, ein Vermögenskonzept auf die Basis einer sicheren Geldanlage zu stellen, für die es keine superhohe Rendite gibt.

Die Selbstüberschätzungsfalle

Diese Falle schnappt am häufigsten bei Männern zu. Wesentlich mehr Männer als Frauen denken, daß sie den Geheimnissen der wunderbaren Geldvermehrung ganz alleine auf die Spur gekommen sind. Daß es ihnen, dank ihrer überragenden Intelligenz und ihrer Intuition, gelungen ist, den besten Zeitpunkt für eine Investition oder Transaktion herauszufinden oder die gewinnträchtigste Aktie zu entdecken. Nicht selten werden ganze Familien dadurch in den Ruin getrieben.

Die Steuersparfalle

Speziell im Bereich der steuersparenden Kapitalanlagen tummeln sich viele Betrüger. Sie haben hier ein besonders leichtes Spiel, weil »Steuern sparen« offenbar die Denk- und Kritikfähigkeit lahmlegt. Je weiter das Jahr vorgerückt ist, desto leichteres Spiel haben Anlagebetrüger. Da werden oft noch kurz vor Jahresende alle möglichen Geldanlagen abgeschlossen, ohne die Hintergründe, die Bonität des Anbieters oder die wirtschaftliche Sinnhaftigkeit zu ergründen.

Natürlich sind nicht alle Steuersparangebote a priori unseriös. Es kann ja sehr sinnvoll sein, mit legalen Mitteln die Steuerschuld zu verringern. Aber die wenigsten AnlegerInnen sind in der Lage, die Seriosität der Angebote zu beurteilen, die komplizierten Anlagekonstruktionen und ihre

Risiken zu durchschauen und somit die Spreu vom Weizen zu trennen.

Die Unwissenheitsfalle

Vermutlich hat Ihnen auch schon einmal ein unbekannter Herr mit wohlklingender Stimme am Telefon erklärt, daß Sie jetzt sofort in Kupfer (oder Baumwolle oder Kaffee) investieren müßten. Der Kupferpreis steige mit 100 %iger Sicherheit in den nächsten Monaten. Und sicherlich hat er Ihnen weiter erklärt, daß Sie durch dieses Warentermingeschäft die Möglichkeit haben, in einem halben Jahr enorme Gewinne zu machen. Eine einmalige Chance!

Warentermingeschäfte sind hochspekulative Geschäfte. Die Wahrscheinlichkeit, bei solchen Geschäften einen Totalverlust zu erleiden, ist sehr viel größer als die, zu den Gewinnern zu gehören. Warentermingeschäfte sind nicht von Haus aus unseriös. Seriöse Warentermingeschäfte aber werden niemals telefonisch abgewickelt, sondern ausschließlich über honorige Brokerhäuser getätigt.

Die Vertrauensfalle

Diese Falle schnappt sehr häufig zu und hinterläßt meist besondere »Wunden«. Der Freund des Bruders oder die Bekannte von Freundin Anna, eine angeheiratete Cousine von Onkel Peter, Nachbars Hans oder Kollege Meier, sie kommen schnell ins Geschäft, weil ihnen wenig Mißtrauen entgegenschlägt.

Sie sollten wissen:

Es ist bei Finanzvertrieben absolut üblich, neu gewonnene Mitarbeiter zuallererst auf den Verwandten- und Bekanntenkreis anzusetzen. Dort ist die Hemmschwelle für Verkäufer am geringsten und die Bereitwilligkeit der Leute, etwas abzuschließen, am größten.

Wichtig

Wenn Sie in einer der Fallen hängengeblieben sind:

- Werden Sie Mitglied in einem Interessenverband geschädigter Anleger (Adressen über die Verbraucherzentralen).
- Schalten Sie einen Rechtsanwalt ein, erstatten Sie Strafanzeige.
- Und melden Sie Ihre Forderung beim zuständigen Amtsgericht an, um bei einem Konkurs der Firma vielleicht noch einen Teil Ihres Geldes retten zu können.

Geschäftemacher und Abzocker

Sie sind psychologisch bestens geschult. Sie beherrschen Fragetechniken, Ausweichtaktiken. Sie werden in Schulungen darin trainiert, wie Einwände der KundInnen am besten zu entkräften sind. Und üben müssen sie dies alles zunächst im Bekannten- und Freundeskreis.

Warum gerade dort? Ganz klar, weil hier die Hemmschwelle für die Finanz-Verkäufer am niedrigsten ist. Und natürlich auch, weil hier die Bereitwilligkeit der Leute, etwas zu kaufen oder abzuschließen, am größten ist.

In der Regel handelt es sich dabei um Mitarbeiter von Strukturvertrieben. Das sind hierarchisch aufgebaute Vertriebsorganisationen, die so funktionieren: Wie in einem Schneeballsystem werden ständig neue Verkäufer angeworben, die wiederum laufend neue Mitarbeiter einbringen müssen. Dabei verdient jeder an den Umsätzen seiner Untergebenen mit. Das Einkommen bemißt sich also nicht nur danach, mit welchem Erfolg einer die jeweiligen Produkte verkauft, sondern auch danach, wie viele Verkäufer er ebenfalls dafür begeistern kann.

Die Vorgehensweisen sind bekannt. Verkauft werden häufig Produktkombinationen, die letztendlich nur eines bewirken: daß Sie den Überblick verlieren. Beliebte Kombinationen sind: Bausparverträge mit Lebensversicherung und Sparplan; hintereinander geschaltete Bausparverträge mit Teilauszahlungen, die immer wieder in neue Verträge gesteckt werden; Baufinanzierung mit Aktienfonds usw.

Oder es werden Lebensversicherungen vermittelt, die erst mit dem 85. Lebensjahr enden, oder Lebensversicherungen an Personen verkauft, die über 50 Jahre alt sind. Eine Lebensversicherung ist in diesem Alter viel zu teuer, eine Rentenversicherung wäre hier weitaus günstiger! Oder Menschen mit sehr geringem Einkommen wird geraten, die paar Mark die sie besitzen, in einen Aktienfonds einzuzahlen, was vollkommen unsinnig ist, wenn es sich um den Notgroschen handelt.

Zwei besonders folgenschwere Vorgehensweisen will ich hier herausstellen:

Kündigung von Lebensversicherungen

Anlegerinnen werden dazu gedrängt, bestehende Lebensversicherungen aufzulösen oder ruhenzulassen. Warum? Ganz einfach: Um Geld freizuschaufeln, das dann wieder neu angelegt werden kann.

Diese Vorgehensweise ist besonders perfide, weil bekannt ist, daß es immer Verluste bringt, Lebensversicherungen vorzeitig aufzulösen. Lebensversicherungen sind langfristige Sparverträge. Erst über die Jahre hinweg entfaltet der Zinseszins-Effekt seine Wirkung. Und zum Ende der Laufzeit gibt es bei vielen Versicherungsgesellschaften, quasi als Belohnung, noch satte Schlußgewinne. AnlegerInnen werden hier also um den Lohn für ihre oft jahrzehntelangen Mühen gebracht.

Cornelia D. ist der Überredungskunst solch eines Verkäufers erlegen. Mit »überzeugenden« Argumenten hat er sie dazu gebracht, ihre private Rentenversicherung zu kündigen und das Geld in einem Aktienfonds anzulegen. Damit sie »endlich an den Erfolgen der Wirtschaft teilhaben kann«.

Das wäre ja durchaus noch verständlich, wenn Cornelia D. nicht 59 Jahre alt und dringend auf eine Zusatzrente angewiesen wäre. Der verbleibende Zeitraum bis zum Rentenbeginn ist viel zu kurz, um bei einem Aktienfonds sicher einen guten Anlageerfolg zu erzielen.

Der Verkauf von Schrottimmobilien

Als sogenannte Erwerbermodelle werden überalterte, schlecht gebaute und notdürftig renovierte Wohnungen, in der Regel aus den 60er und 70er Jahren, angeboten. Meist handelt es sich dabei um Wohnanlagen, die von großen Gesellschaften abgestoßen werden, weil sich größere Renovierungen abzeichnen, die nicht auf die Mieten umgelegt werden können. Von den Aufkäufern dieser Wohnanlagen werden die Wohnungen dann in Eigentumswohnungen umgewandelt und zu völlig überhöhten Preisen verkauft.

Die Wahrscheinlichkeit ist aber groß, daß AnlegerInnen statt auf einer wertsichernden oder gar -steigernden Immobilie auf einer Schrottwohnung sitzen, die nicht einmal die Hälfte wert ist. Stehen dann auch noch hohe Instandhaltungskosten an, hat sich die verheißungsvolle Immobilieninvestition sehr schnell in ein Verlustmodell verwandelt, für das sich kein Käufer mehr findet.

Franziska M. kann ein Lied davon singen. Sie ist 45 Jahre alt, geschieden und Verwaltungsangestellte. Ihre Rente ist niedrig, sie hat vier Kinder großgezogen und lange nur geringfügig beschäftigt gearbeitet. Ein redegewandter Immobilienverkäufer rennt bei ihr offene Türen ein. Eine Immobilie hat sie sich immer schon ge-

wünscht. Und eine kleine Wohnung für 100 000 DM in Hannover
erscheint ihr sehr günstig. Sie hat zwar kein Eigenkapital, aber
der Verkäufer versichert ihr, daß die Wohnung durch die
EXPO 2000 enorm im Wert steigen wird. Wenn sie die Immo-
bilie dann verkauft, so sagt er, hat sie ein Vermögen gemacht.

Leider erfüllt sich der Traum von Franziska M. nicht. Die
Mieter wechseln ständig, sie hat immer wieder Mietausfälle,
die sie mit ihrem mageren Gehalt kaum auffangen kann. Als
sie einen ortsansässigen Makler einschaltet, um die Wohnung zu verkaufen, erhält sie die Auskunft, daß die Lage
nicht gut und die Bausubstanz schlecht ist. Die Wohnung ist
nicht einmal die Hälfte wert. Der Makler meint, daß sich
aber selbst zu diesem Preis derzeit kein Käufer finden wird.

Bei alldem verdient nur einer, und das sind gewiß nicht
Sie!

Wichtig
Werden Sie mißtrauisch
* wenn Ihnen im Bekanntenkreis unbedingt jemand etwas verkaufen will. Es handelt sich in der Regel um
  unerfahrene Mitarbeiter von Strukturvertrieben, die
  auf den Bekanntenkreis »angesetzt« wurden;
* wenn Ihnen gebrauchte Wohnungen aus den 60er und
  70er Jahren, meist in weit entfernten Orten, angeboten werden. In diesen Jahren wurde überwiegend
  schlecht gebaut. Häufig stehen große und teure Sanie-
  rungsarbeiten an, die Sie als Eigentümerin natürlich
  mitbezahlen;
* wenn Ihnen geraten wird, eine bestehende Lebensversicherung aufzulösen, um eine andere Geldanlage abzuschließen;
* wenn Ihnen Konstruktionen vorgeschlagen werden,
  bei denen mehrere Geldanlagen miteinander verbunden sind, die nichts miteinander zu tun haben;

- wenn Sie über 45 Jahre alt sind und Ihnen der Abschluß einer Kapital-Lebensversicherung vorgeschlagen wird. In diesem Alter ist eine private Rentenversicherung günstiger.

Zynismus pur oder
Auch Banken sind nicht zimperlich

Am 24. November 1997 erschien im »Handelsblatt« ein lesenswerter Artikel, der deutlich machte, warum so viele ältere Menschen über Jahre hinweg oft eine Menge Geld auf Sparbüchern haben und warum kaum eine Bank ein großes Interesse daran hat, dies zu ändern.

Thema des Artikels ist das Senioren-Marketing-Konzept »55 plus«, mit dem die Allbank in Hannover sich verstärkt an Senioren wendet. Zitat:

»Die Allbank in Hannover schätzt die Senioren vor allem als Anleger. Sie haben häufig eine Menge Geld und gelten als konservativ – sprich, sie sind auch mit bescheidenen Erträgen zufrieden, wenn die Anlage möglichst sicher ist. Für eine Bank tut sich damit eine ausgezeichnete Refinanzierungsbasis auf. Wichtig ist dabei auch, daß Senioren ihre Geldbestände relativ wenig bewegen. Das erhöht den ›Bodensatz‹, den Prozentsatz, der längerfristig gebunden werden kann. (…)

Die Produkte des ›55 plus‹ Programms sind nicht außergewöhnlich: Spareinlagen mit einem Zins von 2,75 % und ein Girokonto mit 2 % Guthabenzins, denen allerdings eine stolze monatliche Kostenpauschale von 12 DM gegenübersteht.

Wichtiger als die Produkte ist beim Seniorenmarketing die besondere Form der Ansprache: Eine stilisierte Sonnenblume, auf Prospektmaterial oder am Revers des Beraters, zeigt dem Senior, daß er mit seinen Wünschen an der richtigen Adresse ist.«

Soweit der Artikel im »Handelsblatt«. Was da so freundlich umschrieben wird, heißt im Klartext: Senioren sind für Banken ideale Kunden. Sie verlangen keine hohen Renditen, sondern sind mit dem Sparbuch zufrieden. Die Bank zahlt für das Geld, das die Senioren auf ihren Sparbüchern haben, je nach Marktlage 2 bis 3 % Zinsen. Damit steht der Bank billiges Geld zur Verfügung, das sie teuer verleihen kann, beispielsweise über einen Dispokredit zu 10 bis 12 %. Und das heißt nichts anderes, als daß die Bescheidenheit der Senioren der Bank eine relativ einfache und gute Gewinnmöglichkeit bietet.

Und damit Senioren nicht merken, wie sie für dumm verkauft werden, heftet sich der Bankberater eine Sonnenblume ans Revers und zeigt damit, daß er bereit ist, besonders nett und einfühlsam auf die Seniorin, den Senior einzugehen.

Ich meine: Senioren brauchen keine Sonnenblume am Revers des Beraters und auch keine bemüht nette Ansprache. Senioren wollen nicht für dumm verkauft, sondern ernst genommen werden, als Mensch, als AnlegerIn, als VerbraucherIn.

Gurus und Propheten

»Ach, daß der Mensch so häufig irrt und nie recht weiß, was kommen wird.« (Wilhelm Busch)

114

Seit Jahrhunderten versuchen Menschen in die Zukunft zu schauen, Prognosen aufzustellen und künftige Ereignisse vorauszusehen, wenn nicht gar zu berechnen. Kristallkugel oder Kaffeesatz, der Stand der Gestirne oder das Pendel sollen helfen, die Angst zu bannen und künftigen Ereignissen nicht unvorbereitet ausgeliefert zu sein.

Heute, in Zeiten weltumspannender Datennetze, weltweit verfügbarer Informationen und ausgefeiltester Analysemethoden, ist der Glaube weit verbreitet, die Geschehnisse auf den Kapitalmärkten seien weitgehend vorhersehbar und beherrschbar.

Leider ist dies nicht der Fall. Der Griff zum Orakel ist im Zweifelsfall genauso erhellend wie die Jahresendprognose des hochkarätigen Bankers in einer der führenden Wirtschaftszeitschriften. Wenn Sie, wie ich, über Jahre hinweg die meisten der gängigen Wirtschaftspublikationen gelesen haben, dann fällt immer wieder ein Muster auf:

Börsenguru XY hat den Crash im Herbst 1987 vorhergesehen, aber leider nicht die drei folgenden. Sein Wallstreet-Konkurrent ZZ wurde durch den Kurseinbruch im September 1998 nicht überrascht, vielmehr hat er ihn erwartet. In den Jahren zuvor aber lag er regelmäßig mit seinen Prognosen vollkommen daneben. Von der Hausse an den Börsen, den starken Kursgewinnen in den Jahren 1997 und 1998 wurden die beiden vollkommen überrascht, ebenso wie viele andere Spezialisten. Keiner hatte damit gerechnet.

Wenn aber einer dieser Gurus einen zufälligen Treffer gelandet hat, darf er ganz sicher zur Jahreswende wieder in großen Zeitschriften verraten, was er von den Entwicklungen im kommenden Jahr hält. Guru bleibt eben Guru, daran ändern auch regelmäßige Fehlprognosen nichts.

Besonders pikant: Im Herbst 1998 berichteten alle Medien, daß ein großer amerikanischer Fonds in Schieflage geraten sei. Es handelte sich nicht um einen »normalen« Investmentfonds, sondern um einen sogenannten Hedge-

Fonds, einen reinen Spekulationsfonds, in den nur große Banken und Großanleger investierten. Gegründet wurde der Fonds von den Nobelpreisträgern Merton und Scholes. Den Nobelpreis bekamen die beiden amerikanischen Wirtschaftswissenschaftler für eine Formel, mit der angeblich todsichere Börsengewinne berechnet werden können. Theoretisch funktionierte mit dem Hedge-Fonds auch alles ganz wunderbar. Praktisch allerdings kam es zur Beinahe-Katastrophe: Die Nobelpreisträger hatten die Rußland-Krise nicht eingeplant und sich im großen Stil verspekuliert. Der Fonds verlor fast sein ganzes Geld. Das bedeutete Milliardenverluste für einige große Banken, auch für deutsche. Keine Peanuts!

Die Erkenntnis daraus: Niemand kann Ihnen heute verbindlich sagen, ob die Zinsen in den nächsten Jahren steigen oder fallen, wie sich der Dollar entwickelt, ob die Aktienkurse noch weiter steigen oder ob es einen drastischen Kursrückgang gibt. Das ist das selbstverständliche Risiko, das Sie mit jeder Investition eingehen. Sie können nur aus der Beobachtung der Vergangenheit sehen, daß es auf eine Zeit niedriger Zinsen immer wieder eine Hochzinsphase gab, daß Höhenflüge bei Aktien durch politische und wirtschaftliche Ereignisse gebremst werden können, daß auf einen Konjunkturabschwung auch wieder ein -aufschwung folgte.

Meine Meinung

Halten Sie sich bei der Geldanlage an bewährte Grundsätze, an Strategien, die seit Generationen ihre Gültigkeit haben, auch wenn sie nichts Spektakuläres in sich bergen und eher etwas langweilig wirken.

Sie haben in den vorangegangenen Kapiteln gesehen, daß es die wichtigsten Bausteine zum Aufbau eines Vermögens für Ihre Altersversorgung schon sehr lange gibt. Das heißt für

Sie, Stärken und Schwächen, Chancen und Risiken dieser klassischen Geldanlagen sind seit Generationen bekannt und damit einschätzbar.

Und Sie haben gesehen, mit welchen Geldanlagen Sie Ihr Ziel nicht erreichen und wie Sie Schaden durch unseriöse Berater vermeiden können.

Aber wie lassen sich die einzelnen Geldanlagen zu einem sinnvollen Konzept verknüpfen? Welche Kombination kann Ihnen helfen? Welche Anlagen sind die besten?

Im nächsten Kapitel finden Sie die Antwort auf diese Fragen. Und Sie lesen darüber hinaus, mit welchen Anlagestrategien Sie Erfolg haben werden und welche Geldanlagen in welchen Lebensphasen geeignet sind.

Gut geplant ist halb gewonnen

Das Konzept für Ihr Vermögen

Sie möchten Ihren Urlaub diesmal in Norwegen verbringen. Sie setzen sich also in Ihr Auto und fahren einfach drauflos. Ohne einen Reiseführer gelesen zu haben, ohne die Wegstrecke zu kennen, ohne zu wissen, womit Sie klimatisch oder auch finanziell rechnen müssen?

Absurd, sagen Sie? Und: Das macht doch niemand, das wäre ja verrückt. Sie haben recht: Bei der Urlaubsplanung dürfte es sicherlich kaum jemanden geben, der sich so unsinnig verhält. Bei der Vermögensplanung allerdings ist ein derartiges Verhalten gang und gäbe. Der heiße Tip von Freunden, ein Artikel in einer Finanzzeitschrift oder der Hinweis in einer Fernsehsendung, der hartnäckige Bausparvertreter oder der Druck des Bankangestellten bestimmen in der Regel die Anlageentscheidungen.

Rationale und systematische Finanzplanung dagegen ist selten. Über die Jahre hinweg entsteht dann eine mehr oder minder willkürliche Mischung verschiedener Anlageformen: Da tummeln sich dann Sparbücher neben einigen kleinen Bausparverträgen, eine Lebensversicherung gibt es und einen Vorsorge-Sparplan der Hausbank. Bundesschatzbriefe und Anteile an einigen Investmentfonds sowie ein paar Telekom-Aktien runden das Ganze ab. Eine gezielte Streuung nach inhaltlichen oder zeitlichen Gesichtspunkten wird meist nicht vorgenommen. Die Fälligkeiten sind nicht aufeinander abgestimmt, was zur Folge hat, daß die jeweils freiwerdenden kleineren Beträge wieder in eine Zufalls-Geldanlage gesteckt werden usw.

Wenn Sie einen guten Anlageerfolg erzielen wollen, kommen Sie aber um eine vernünftige Strategie nicht herum. Ob Sie einen Urlaub planen oder eine Geldanlage, in jedem Fall müssen Sie zunächst klären, welche Voraussetzungen Sie dafür haben, was Sie erreichen möchten, was Sie dafür einsetzen können und auf welche Weise Sie zu Ihrem Ziel kommen wollen. Wenn Ihre finanzielle Planung erfolgreich werden soll, müssen Sie also zunächst feststellen:

Was besitze ich jetzt?

Was will ich erreichen?

Wieviel Geld brauche ich im Ruhestand?

Was kann und will ich dafür tun?

Was besitze ich?

Eine Bestandsaufnahme soll Ihnen zeigen, wo Sie finanziell stehen. Die vorhandenen Geldanlagen, Ihr Gehalt, zusätzliche Einnahmen wie Urlaubs- und Weihnachtsgeld, Steuerrückzahlungen und absehbare Gehaltserhöhungen sind die Pfunde, mit denen Sie künftig wuchern können.

Eine Aufstellung der vorhandenen Geldanlagen ist immer interessant und aufschlußreich: Viele Frauen sehen erst dann, wie viele einstmals kleine Geldanlagen sich inzwischen zu einer stattlichen Summe gemausert haben. Und oft wird auch erst dadurch deutlich, daß manche Summe – trotz bester Vorsätze – unrentabel angelegt ist. Oder daß womöglich das gesamte Kapital in ausschließlich eine Anlageform (beispielsweise Bundesschatzbriefe) investiert wurde.

Bestandsaufnahme

Auflistung Ihrer vorhandenen Geldanlagen

	Anlagesumme	Fälligkeit
Sparbuch		
Sparplan		
Festgeld		
Festverzinsliche Wertpapiere, Sparbriefe		
Aktien		
Investmentfonds mit Aktien mit festverzinslichen Wertpapieren mit Immobilien		
Immobilien		
Steuersparanlagen		
Bausparverträge		
Vermögenswirksame Leistungen angelegt in		
Kapital-Lebensversicherung		
Private-Rentenversicherung		
Anderes		

Was will ich erreichen?

Denken Sie nun über Ihre mittel- und langfristigen Ziele nach, und schreiben Sie sie auf. Eines Ihrer wichtigsten Ziele muß natürlich die Absicherung Ihres Lebensstandards im Alter sein. Ein weiteres Ziel könnte zum Beispiel der Kauf einer Immobilie sein – zur Selbstnutzung oder zur Vermietung. Oder auch eine Existenzgründung, eine teure Zusatzausbildung usw.

Wieviel Geld brauche ich im Ruhestand?

Das ist eine der Kernfragen, und sie wird verständlicherweise immer gestellt, wenn es um die Altersversorgung geht. Ich kann Ihnen nur eine einzige Antwort darauf geben: *Soviel wie möglich!* Das hört sich natürlich sehr simpel an. Ich halte es aber für unrealistisch, ja beinahe unseriös, heute Zahlenangaben darüber zu machen, was Sie in 20, 30 oder 40 Jahren vermutlich benötigen werden.

Da gibt es beispielsweise Modellrechnungen (»Finanzen«, 2/1999) wie diese:

Anleger C verdient mit 30 Jahren 3500 DM netto. Er rechnet damit, daß er im Rentenalter nicht mehr als 1200 DM gesetzliche Rente bekommt. Er hat also eine Versorgungslücke von monatlich 2100 DM. Diese 2100 DM mit einer 3%igen Inflationsrate hochgerechnet, ergeben mit 65 einen monatlichen Rentenbedarf von ca. 6500 DM! Um diese Rente zu erreichen, muß er monatlich fast 500 DM investieren und diese 500 DM jährlich um 3% erhöhen.

Wenn Sie das lesen, möchten Sie wahrscheinlich das Buch am liebsten zuklappen und das Thema Altersvorsorge ad acta legen. Weil Sie solche Summen bei Ihrem Einkommen niemals erreichen können.

Keine Panik! Rechnungen dieser Art sind zwar wichtige theoretische Szenarien. Wie weit sie sich aber mit der Realität decken, ist fraglich. Es gibt zu viele Störfaktoren, die solche Kalkulationen hinfällig machen können. Niemand kann doch heute verbindlich sagen

- welche Inflationsrate wir in den nächsten Jahrzehnten tatsächlich haben werden
- wie sich die Arbeitseinkommen in Zukunft entwickeln
- mit welcher gesetzlichen Rente Sie wirklich rechnen können
- wie die Lebensumstände und die Lebenshaltungskosten in den kommenden Zeiten aussehen werden.

Außerdem sind in eine derartige Modellrechnung nicht einkalkuliert einmalige Beträge, die Sie jetzt schon zur Verfügung haben und die für den Aufbau Ihres Vermögens eingesetzt werden können. Ich meine damit Geldbeträge, die Sie erben oder geschenkt bekommen. Oder freiwerdendes Geld aus Sparanlagen, das Sie längerfristig investieren können.

Ganz sicher wissen wir nur eines: *Ihre gesetzliche Rente ist in jedem Fall zu niedrig.*

Was ein Mensch im Alter an Geld zur Verfügung haben sollte, ist immer wieder Gegenstand vieler Diskussionen. Es gibt Fachleute, die der Ansicht sind, daß wir im Alter weniger Geld benötigen. Das halte ich für falsch. Ich meine, daß die Annehmlichkeiten des Ruhestandes nur dann wirklich »annehmlich« sind, wenn wir nicht jeden Pfennig zweimal umdrehen müssen.

Dann gibt es Berechnungen, die davon ausgehen, daß 70 oder 80 % des letzten Nettoeinkommens sinnvoll wären. Ich meine, daß wir 100 % des letzten Nettogehalts haben müssen, um unser Leben im Alter lustvoll zu gestalten.

Und so können Sie herausfinden, wie hoch Ihre ganz persönliche Versorgungslücke ist: Die Ansprüche aus einer eventuellen betrieblichen Altersversorgung nennt Ihnen die

Personalabteilung Ihres Arbeitgebers. Was Sie nach heutigem Stand an gesetzlicher Rente erhalten, erfahren Sie über die Bundesversicherungsanstalt für Angestellte oder über die Landesversicherungsanstalten.

Eine grobe Schätzung Ihres gesetzlichen Rentenanspruchs ist mit folgender Formel möglich:

$$\text{Monatsrente} = \frac{\text{Brutto-monatseinkommen} \times 12}{1000} \times \text{Versicherungsjahre} \times 1{,}02$$

Was Sie aus Ihrem privaten Kapital an privater Rente erhalten können, errechnen Sie am besten so:

Verfügbares Anlagekapital × 0,0075 = lebenslange Monatsrente.

Wenn Sie also 100 000 DM zur Verfügung haben, ergibt dies ab dem 65. Lebensjahr ca. 750 DM monatlicher Rente.

Und so errechnen Sie Ihre Versorgungslücke:

Rente aus gesetzl. Rentenversicherung	.... DM
Rente aus betriebl. Rentenversicherung	.... DM
Rente aus privater Vorsorge	.... DM
– – – – – – – –	
Summe der Rentenleistungen	.... DM
– heutiges Nettoeinkommen	.... DM
Ihre Versorgungslücke	.... DM
==========	

Was kann ich tun, um mein Ziel zu erreichen?

Wenn Sie später etwas ernten wollen, müssen Sie zuerst etwas säen! Das ist bei der Vermögensplanung nicht anders als in einer Gärtnerei. Sie müssen also einen Teil Ihres Einkommens sparen, um damit den Grundstein für Ihr späteres Vermögen zu legen. Warten Sie nicht auf den Tag, an dem Ihnen einfach Geld übrigbleibt. Dieser Tag wird nicht kommen.

Zeit bringt Geld! Jede Mark, die Sie heute nicht investieren, fehlt Ihnen später. Sagen Sie also nicht »Morgen ist auch noch ein Tag«, sondern fangen Sie an, am besten noch heute!

Konsequenz führt zum Ziel!

Stefanie R. ist Krankenschwester. Sie liefert ein gutes Beispiel für den Erfolg, den konsequentes Sparen bringen kann. Obwohl Krankenschwestern bekanntlich wenig verdienen, besitzt sie heute, mit 42 Jahren, 120 000 DM. Wohlgemerkt, ohne geerbt zu haben und ohne riskante Manöver.

Wie das möglich ist? Schon mit 16 Jahren fing Stefanie R. an, vermögenswirksam zu sparen. Darüber hinaus nutzte sie einen kleinen Bausparvertrag, um die Wohnungsbauprämie zu erhalten. Geld, das aus diesen Sparverträgen immer wieder frei wurde, legte sie wieder an. Auch Zinserträge und kleine Geldgeschenke der Eltern wurden nicht ausgegeben, sondern investiert. Darüber hinaus spart sie seit vielen Jahren regelmäßig 5 % ihres Bruttoeinkommens.

Die 120 000 DM wird sie nun so anlegen: 60 000 DM kommen in ein Beitragsdepot, verbunden mit einer privaten Rentenversicherung, Laufzeit bis zum 60. Lebensjahr. Mit der anderen Hälfte des Geldes investiert sie in drei verschiedene Fonds: einen klassischen gemischten Fonds, einen Fonds mit europäischen Aktien und einen weltweiten Aktienfonds.

Und das kann sie damit erreichen: Aktienfonds brachten in der Vergangenheit eine durchschnittliche Rendite von 10 %. Vorsichtig mit nur 8 % gerechnet, hat Stefanie R. aus ihren Fonds zum 60. Lebensjahr eine Summe von rund 240 000 DM zur Verfügung.

Bei ihrer Rentenversicherung kann sie sich zum 60. Lebensjahr entscheiden, ob sie das angesammelte Kapital von rund 200 000 DM steuerfrei ausgezahlt haben möchte. Sie kann statt dessen aber auch eine lebenslange Rente von monatlich 1300 DM wählen.

Und auf alle Fälle spart Stefanie R. weiter – immer noch 5 % ihres Bruttoeinkommens. Stefanie R. kann sich also auf einen angenehmen Ruhestand freuen.

Vermögensaufbau:
Die kostenlosen Helfer
»Wichtig ist, was hinten rauskommt.«

Dieser Satz aus dem Munde des früheren Bundeskanzlers Helmut Kohl ist inzwischen zum geflügelten Wort geworden. Ich gestatte mir, diesen Satz noch zu ergänzen: Wichtig ist nicht nur, *was*, sondern *wieviel* hinten rauskommt!

Damit für Sie möglichst viel »hinten rauskommt«, brauchen Sie noch weitere Unterstützung. Und das sind die oft unterschätzten »Helfer«.

Der Zinseszins-Effekt

Es klingt wie Zauberei und ist doch ganz einfach. Wenn Sie Zinsen erhalten und diese nicht verbrauchen, erhöhen die Zinsen jährlich Ihr Kapital und werden im nächsten Jahr wieder mitverzinst. Wenn Sie also zum Beispiel 10 000 DM zu 4 % anlegen, erhalten Sie im ersten Jahr 400 DM an Zinsen. Wenn Sie diese 400 DM nicht verbrauchen, sondern Ihrem Kapital zuschlagen, werden im nächsten Jahr nicht nur 10 000 DM verzinst, sondern 10 400 DM. Ihr Zins beträgt dann nicht mehr 400 DM, sondern 416 DM. Und so geht es weiter, Jahr für Jahr.

Schauen Sie sich einmal in Ruhe die nachfolgende Grafik an. Dann sehen Sie, wie enorm ein angelegter Betrag über längere Zeiträume wächst, ohne daß Sie etwas dafür tun müssen. Und Sie sehen ganz deutlich, welche Unterschiede es macht, ob Sie Ihr Kapital zu drei oder zu sechs oder mehr Prozent arbeiten lassen.

So wächst Ihr Kapital, wenn Sie regelmäßig sparen

Angenommen, Sie legen jeden Monat 300 DM an,
dann wächst Ihr Vermögen einschließlich Zinsen und
Zinseszinsen wie folgt bei einem Zinssatz von:

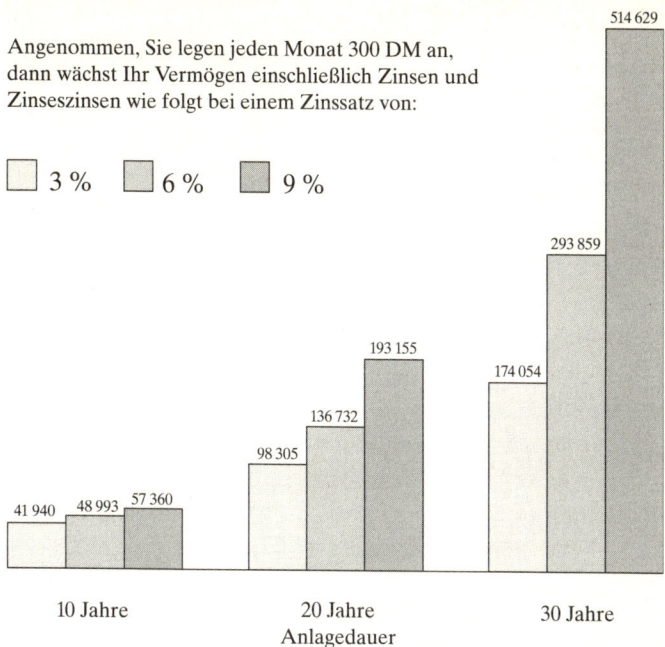

☐ 3 % ◻ 6 % ▨ 9 %

Die Zeit

Die Zeit arbeitet für Sie. Erst bei einer längeren Anlagezeit
entfaltet der oben beschriebene Zinseszins-Effekt seine
volle Wirkung, wie Sie in folgendem Beispiel sehen.

Bei Lebensversicherungen

*Gerlinde A. ist 40 Jahre alt und möchte 200 DM monatlich in
eine private Rentenversicherung investieren. Die Zeit bis zu
ihrem 65. Lebensjahr erscheint ihr sehr lang, deshalb möchte
sie die Möglichkeit haben, die Versicherung eventuell schon
ab dem 60. Lebensjahr zu beenden. Als ich ihr die möglichen*

Ergebnisse zum 60. und zum 65. Lebensjahr gegenüberstelle,
vermutet sie erst einen Rechenfehler. Aber die Zahlen stim-
men. Mit 200 DM Monatsbeitrag kann sie folgendes errei-
chen:

> *zum 60. Lebensjahr:*
> *monatliche Rente   ca.   650 DM   oder*
> *Kapitalauszahlung   ca. 100 000 DM*
>
> *zum 65. Lebensjahr:*
> *monatliche Rente   ca.   1100 DM   oder*
> *Kapitalauszahlung   ca. 155 000 DM*
> *(Zahlen inkl. nicht garantierter Überschußzahlungen).*

Mit nur fünf Jahren längerer Anlagezeit erreicht Gerlinde A.
eine um 450 DM höhere monatliche Rente – lebenslang!

Aber nicht nur der Zinseszins-Effekt braucht Zeit zur
Entfaltung. Auch ein nennenswerter Wertzuwachs ist bei einigen Geldanlagen erst nach einer längeren Anlagezeit zu
erreichen.

Bei Aktien und Aktienfonds

Aktien und Aktienfonds sind keine Geldanlagen für nur
wenige Jahre, weil diese Art der Geldanlage immer mehr
oder minder starken Kursschwankungen unterliegt. Haben
Sie eine zu kurze Anlagedauer vorgesehen, können emp-
findliche Verluste eintreten. Bei einer Anlagedauer von
mehr als zehn Jahren aber, das hat eine Untersuchung der
Berliner Humboldt-Universität in Zusammenarbeit mit der
Zeitschrift »Finanztest« gezeigt, brachten Aktieninvestitio-
nen bisher durchschnittliche Jahresrenditen von 10 %.

Elke B. hat im Dezember 1989 für 30 000 DM Anteile eines in-
ternationalen Aktienfonds einer großen deutschen Fondsge-
sellschaft gekauft. Seit dem Kauf gab es drei heftige Börsen-
krisen – 1990, 1994 und 1998. Bei jedem dieser Rückschläge

zweifelte *Elke B., ob es wirklich richtig war, sich für einen Aktienfonds als Geldanlage zu entscheiden.*

Seit Frühjahr 1999 sind die Zweifel verschwunden. Elke B. hat »Kasse gemacht« und festgestellt, daß aus den ursprünglichen 30000 DM inzwischen 71733 DM geworden waren. Trotz mehrerer Börsencrashs hat Elke B. in etwas über neun Jahren einen Wertzuwachs von etwas über 139 % erzielt. Dies entspricht einer durchschnittlichen jährlichen Rendite von 14,9 %.

Und dieser Wertzuwachs ist auch noch steuerfrei, wenn die Aktien oder Aktienfonds mehr als ein Jahr in ihrem Besitz waren.

Bei Immobilien

Auch für Immobilienfans ging in der Vergangenheit die Rechnung auf, wenn sie Ausdauer und Geduld bewiesen. Neben Mieteinnahmen und Steuerersparnis brachten Immobilien nach zehn oder zwanzig Jahren auch einen erheblichen Wertzuwachs, in manchen Regionen sogar eine Verdoppelung des Wertes in wenigen Jahren. Die Wertsteigerung bei Immobilien ist ebenfalls steuerfrei, allerdings erst dann, wenn die Immobilie zehn Jahre in Ihrem Besitz war.

Die Steuerersparnis

Ab Januar des Jahres 2000 beträgt der Freibetrag für Zinserträge pro Person nicht mehr 6000 DM, sondern nur noch 3000 DM. Es ist deshalb wichtig und notwendig, steuerliche Überlegungen bei der Geldanlage zu berücksichtigen. Wie wichtig dies ist, zeigt Ihnen die nachfolgende Rechnung.

Stellen Sie sich vor, Sie haben 50000 DM zu 5 % angelegt. Ihr Freibetrag von 3000 DM jährlich ist schon ausgeschöpft. Ihr Steuersatz beträgt 40 %:

| 5 % Nominalzins aus 50000 DM | = 2500 DM |
| – davon 40 % Einkommensteuer | = 1000 DM |

= 3 % Nettorendite nominal	1500 DM
– Inflationsrate (1 % von 50000 DM)	500 DM
= 2 % Nettorendite	= 1000 DM

======

Sie sehen also, daß von den 5 % Bruttorendite durch den Steuerabzug und die Inflationsrate (geschätzt) letztendlich nur noch 2 % Nettorendite oder, in unserem Beispiel, 1000 DM übrigbleiben.

(Begriffserklärung: Die Rendite ist das, was Sie aus einer Geldanlage in einem bestimmten Zeitraum erhalten, also Zinsen, Dividenden, Kursgewinne usw. Die Bruttorendite ist die Rendite vor Abzug der Steuern. Die Nettorendite ist die Rendite nach Abzug der Steuern, also das, was Ihnen tatsächlich bleibt.)

Soviel Geld können Sie anlegen, ohne Kapitalertragssteuer auf die Zinsen zahlen zu müssen:

Zinssatz in %	steuerfreier Anlagebetrag	
	Ledige	Ehepaare
2 %	155000	310000
3 %	103333	206666
4 %	77500	155000
5 %	62000	124000
6 %	51666	103333
7 %	44285	88571

Mit der Inflationsrate, die augenblicklich sehr niedrig ist (unter 1 %), müssen wir leben. Einen gewissen Schutz vor Geldentwertung bieten Sachwertanlagen wie Aktien und Immobilien. Die steuerliche Gestaltung Ihrer Vermögensanlage jedoch haben Sie selbst in der Hand. Zum Beispiel mit Anlagen, die Ihnen steuerfreie Kursgewinne bieten wie z. B. Aktien und Aktienfonds oder teilweise steuerfreie Erträge wie Immobilienfonds.

Meine Meinung
Bei der Geldanlage benötigen Sie nicht nur die richtigen Bausteine. Sie müssen diese Bausteine auch geschickt einsetzen und alle Hilfen nutzen, um aus Ihrem Geld ein Vermögen zu machen.

»Ich habe kein Geld zum Sparen«

Das Bermuda-Dreieck

Im Atlantischen Ozean, südöstlich von Florida, gibt es ein Gebiet, in dem immer wieder Schiffe ohne erkennbaren Grund spurlos verschwinden. Dieses Gebiet wird das Bermuda-Dreieck genannt. Aber nicht nur die christliche Seefahrt kennt ein Bermuda-Dreieck. Mit diesem Begriff werden inzwischen viele Bereiche benannt, in denen Dinge spurlos verschwinden. So galt z. B. der Schreibtisch eines früheren Kanzleramtsministers als Bermuda-Dreieck, denn angeblich verschwanden auf diesem Schreibtisch Akten auf Nimmerwiedersehen.

Auch die Geldbörsen vieler Frauen sind ein solches Bermuda-Dreieck, in dem Geld spurlos verschwindet. Und das hat fatale Folgen: Das Gehalt reicht meist nicht bis zum Monatsende. Für jede Anschaffung, jeden Urlaub, jede Reparatur muß deshalb der Dispokredit in Anspruch genommen werden, der hohe Zinsen kostet. Bis dieser Dispokredit wieder auf Null gebracht ist, droht meist schon wieder die nächste größere Ausgabe usw. Es wird dann richtig peinlich, zur Bank zu gehen und die Kontoauszüge abzuholen. Daß es inzwischen auch Automaten dafür gibt, verringert nur die Peinlichkeit, nicht aber den Druck nennenswert.

Ein Mittel gegen das echte Bermuda-Dreieck ist noch nicht gefunden. Ihr persönliches Bermuda-Dreieck aber können Sie orten und auch umschiffen. Gerade gut verdienende Frauen schaffen es oft nicht, Rücklagen oder gar ein finanzielles Polster zu bilden, von einem langfristigen Vermögensaufbau ganz zu schweigen.

Einer, der es wissen muß, der amerikanische Millionär Henry Ford, sagte einmal: »Reich wird man nicht durch das, was man verdient, sondern durch das, was man nicht ausgibt.« Wenn Sie regelmäßig mehr ausgeben, als Sie einnehmen, wenn Ihnen also das Geld durch die Finger rinnt, sollten Sie ernsthaft nach den Ursachen dafür suchen.

Helfen kann Ihnen dabei eine private Buchführung. Das klingt unangenehmer, als es tatsächlich ist. Nehmen Sie sich doch einmal ein bißchen Zeit, und schreiben Sie Ihre monatlichen Einnahmen und Ihre Ausgaben nach dem Schema auf der folgenden Seite auf.

Bei den festen Kosten läßt sich meist nur wenig einsparen. Trotzdem sollten Sie auch hier einmal überlegen, ob Sie nicht den Vertrag fürs Fitneß-Center kündigen, in das Sie schon lange nicht mehr gehen, oder ob es nicht beim nächsten Autokauf auch ein kleineres Auto tut. Vielleicht verzichten Sie sogar eine Weile ganz aufs Auto, oder Sie werden Mitglied bei einem der heute in den meisten Großstädten existierenden Car-Sharing-Vereine, bei denen Sie sich jederzeit dann ein Auto »ausleihen« können, wenn Sie es gerade benötigen. Laut ADAC kostet ein Mittelklassewagen inklusive Wertverlust monatlich immerhin rund 600 DM.

Wirklich erfolgreich werden Sie auf der Suche nach Ihrem verschwundenen Geld meist erst bei den variablen Kosten. Sie werden verblüfft sein, wie sehr häufige Restaurantbesuche ins Geld gehen, wie sich die Ausgaben für teure Kosmetika summieren oder wieviel Sport und Freizeitgestaltung tatsächlich kostet.

An dieser Stelle bekommen Sie vermutlich Angst, daß Sie für Ihre Zukunft auf viel Spaß in der Gegenwart verzichten müssen. Keine Sorge, Sie müssen wirklich nicht alles aufgeben, was das Leben lebenswert macht. Aber Sie werden begeistert feststellen, wie sehr ein ausgeglichenes

Monatsbudget:

Einnahmen:

laufendes monatl. Einkommen netto _____

Nebenverdienste _____

Zinsen _____

Mieteinnahmen _____

Sonstiges _____

Summe der Einnahmen _____

Ausgaben:

Fixe Kosten, z. B.

Miete _____

Strom _____

Telefon _____

Versicherungen _____

Auto / öffentliche Verkehrsmittel _____

Summe der fixen Kosten _____

Variable Kosten, z. B.

Restaurantbesuche _____

Kleidung _____

Essen, Trinken _____

Kosmetik _____

Freizeit, Kultur _____

Urlaub _____

Summe der variablen Kosten _____

Ausgaben gesamt _____

Differenz aus Einnahmen – Ausgaben _____

Konto beruhigt und wieviel erholsamer ein Urlaub auf einem weichen Finanzpolster ist als einer, der tiefrote Spuren auf Ihrem Konto hinterläßt.

Und Sie werden vielleicht ganz erstaunt feststellen, daß Sparen ganz schön kreativ sein kann und sogar Spaß macht.

Einige mutmachende Beispiele finden Sie auf den folgenden Seiten.

Im echten wie auch in Ihrem persönlichen Bermuda-Dreieck sind Schätze verborgen. Gehen Sie auf Schatzsuche, und bergen Sie Ihren ganz persönlichen Schatz!

Sparen macht Spaß!

Gemeint ist damit nicht, daß Sie jeden Pfennig umdrehen müssen, bevor Sie ihn ausgeben. Aber bei uns allen haben sich im täglichen Leben Dinge verfestigt, deren Sinnhaftigkeit aus Gewohnheit oft gar nicht mehr überprüft wird. Einige Anregungen:

Agnes W. ist an einem regnerischen Sonntag fündig geworden, als sie ihre private Ablage sortierte. Da ist die Mitgliedschaft im Schwimmverein, die sie schon lange nicht mehr nutzt. Da sind die Zeitschriftenabonnements, die sie irgendwann einmal an der Haustür abgeschlossen hat und im Grunde nur aus Gewohnheit weiterführt. Und da sind einige überflüssige Versicherungen, die sie noch nie gebraucht hat und vielleicht auch nie benötigen wird.

Die Stiftung Warentest bezeichnete einmal ein wenig genutztes Auto als eine der größten und teuersten Fehlinvestitionen:

Claudia D. (32) kann das bestätigen. Seit sie ihr Auto abgeschafft hat, bleibt ihr jeden Monat Geld übrig. Auf Mobilität muß sie trotzdem nicht verzichten. Sie ist Mitglied in einem »Car-Sharing«-Verbund, einer Einrichtung, die sicherlich Zukunft hat. Gegen eine einmalige Aufnahmegebühr von 200 DM und eine kleine monatliche Pauschale kann sie sich beim Car-Sharing-Anbieter jederzeit ein Auto leihen. Einen Kleinwagen bekommt sie schon für 3 DM pro Stunde. Ein ganzer Tag (bis zu 24 Stunden) kostet 30 DM. Claudia D. zahlt keine Autoversicherung, keine Wartung und Instandhaltung, und sie wird nicht mehr durch unvorhergesehene Reparaturen überrascht. Einsparung: ein paar hundert Mark pro Monat.

Daß auch Kleinvieh ganz schön viel Mist machen kann, beweist das folgende Beispiel:

Eine amerikanische Investmentgesellschaft rechnete einmal vor, was zusammenkommt, wenn jemand 30 Jahre lang auf die tägliche Tasse Cappuccino zu 2,50 US-Dollar verzichtet. Das Geld wird bis zum 65. Lebensjahr in einem Aktienfonds angelegt. Gute Aktienfonds haben im langjährigen Durchschnitt rund 10 % Rendite pro Jahr erwirtschaftet. Das ergäbe somit ein Kapital von rund 156000 US-Dollar. Und wenn die Sparrate dann noch wegen der Geldentwertung jährlich um 3 % erhöht wird, summiert sich das auf rund 200000 US-Dollar!

Eine nicht alltägliche Idee, Geld für ihre Altersversorgung lockerzumachen, hatte Anja B.:

Seit einiger Zeit kann die 54jährige 5000 DM im Jahr in eine private Rentenversicherung einzahlen, obwohl sie bisher immer knapp bei Kasse war und ihr Sparwille auch nicht gerade überdimensioniert ist. Als sie sich ihre gesetzliche Rente ausrechnen ließ und den ersten Schock über deren geringe Höhe verdaut hatte, kam ihr eine glänzende Idee: Sie schlug ihrem langjährigen Lebensgefährten vor zu heiraten. Der Lebensgefährte als Alt-68er zierte sich ein wenig, aber die nackten Fakten überzeugten auch ihn. Da er Künstler ist und wenig verdient, bekommt Anja B. durch das Ehegattensplitting monatlich über 400 DM mehr auf die Hand. Und die investiert sie jetzt in ihre Altersversorgung.

Ein anderes Beispiel:

Annette W. und Freund sind schon jahrelang zusammen, leben aber nach wie vor in zwei Wohnungen. Erstmals kamen

*Annette W. und ihr Freund auf die Idee, daran etwas zu än-
dern, als bei beiden fast gleichzeitig die Waschmaschinen ka-
puttgingen und beiden eine Mieterhöhung drohte. »Warum
haben wir eigentlich alles doppelt und zahlen auch noch doppelte Miete«, fragten sie sich. Heute wohnen beide in einer
größeren, gemeinsamen Wohnung, die beiden genug Frei-
raum läßt und doch deutlich billiger ist als zwei kleinere Wohnungen.*

Und noch ein Beispiel für Einfallsreichtum:
*Nach ihrer Scheidung ist Caroline B. im Grunde ihre Woh-
nung zu groß. Sie möchte aber nicht umziehen, weil das
Umfeld sehr schön ist und sie sich mit ihren Nachbarn gut
versteht. Deshalb kam sie auf die Idee, während der Sommer-
monate ein Zimmer an ausländische Deutschlehrerinnen zu
vermieten, die von Juli bis September am Goethe-Institut
Seminare besuchen. Auf diese Weise verdient sie im Jahr zusätzlich etwa 4000 DM, die sie nicht ausgibt, sondern regelmäßig
anlegt. Aber nicht nur diese Einnahmequelle begeistert sie,
sondern sie lernt dabei auch sehr interessante, weltoffene und
engagierte Frauen kennen, zum Beispiel Deutschlehrerinnen aus
Sibirien, aus Mexiko oder aus Brasilien.*

Wie Sie sehen, muß Sparen nicht einen Verlust an Lebensqualität bedeuten. Ganz im Gegenteil!

Mit bewährten Anlagestrategien zum Erfolg

Bei der Geldanlage gibt es einige Grundprinzipien, die seit Generationen Erfolg bringen. Leider sind sie oft nicht mehr bekannt oder werden nicht beachtet.

Setzen Sie nicht alles auf ein Pferd

Schon Antonio, der Kaufmann von Venedig in Shakespeares gleichnamigem Stück (geschrieben Ende des 16. Jahrhunderts), kannte eines der Grundprinzipien für einen langfristigen Anlageerfolg:

»Mein Vorschuß ist nicht *einem* Schiff vertraut,
noch *einem* Ort, noch hängt mein ganz' Vermögen
am Glücke dieses *gegenwärtgen* Jahres;
deswegen macht mein Handel mich nicht traurig«.

Investieren Sie also Ihr Kapital in verschiedene Geldanlagen mit unterschiedlichen Anlagezielen und unterschiedlichem Risiko. Eine gute und sinnvolle Streuung erhöht Ihre Chancen und vermindert Ihr Risiko. Aber: Ein Sammelsurium verschiedenster Geldanlagen ist damit nicht gemeint. Streuung bedeutet vielmehr wohlüberlegte Anlage mit System und nicht Verzettelung!

Hin und her macht Taschen leer

Werden Sie sich über Ihr Anlageziel und den dazu passenden Weg klar, und verfolgen Sie diesen Weg konsequent. Überprüfen Sie Ihre Ziele und Ihren Weg immer dann, wenn sich Ihre Lebensumstände grundlegend ändern. Aber jagen Sie nicht irgendwelchen Trends hinterher, und wechseln Sie nicht häufig von einer Anlage zur nächsten. Das kostet alles nur Ihr Geld, denn dabei werden jedesmal Gebühren fällig.

Gut Ding will Weile haben

Nicht »die schnelle Mark« kann beim Aufbau Ihres Vermögens fürs Alter das Ziel sein, sondern der solide, kontinuierlich gewachsene und stabile Anlageerfolg. Bei den meisten Geldanlagen, die zur Altersversorgung gut geeignet sind, benötigen Sie Zeit und Geduld, um erfolgreich zu sein. Am deutlichsten sehen Sie das bei Immobilien, Aktienfonds und Lebensversicherungen.

Angst ist ein schlechter Ratgeber

Geraten Sie nicht in Panik, wenn sich die Marktlage bei einer Ihrer Geldanlagen ändert. Zinsen, Aktienkurse oder Immobilienpreise unterliegen über Jahre hinweg immer mehr oder minder starken Schwankungen. Wenn Ihre Anlagen zu Ihrem Anlageziel passen, wenn diese Anlagen solide und von namhaften Anbietern sind und wenn die Art der Anlagen langfristig gute Aussichten bietet, dann gibt es keinen Grund, sich von diesen Geldanlagen vorzeitig zu trennen.

Wie hieß es doch im »Kaufmann von Venedig«:
»... noch hängt mein ganz' Vermögen
am Glücke dieses *gegenwärtgen* Jahres ...«

Wer wagt, gewinnt

Wie Untersuchungen belegen, bevorzugen Frauen möglichst sichere Geldanlagen. Das ist zwar durchaus verständlich, verringert aber die Chancen, ein Vermögen zu schaffen. Auf Nummer Sicher sollten Sie vielmehr dann gehen, wenn Ihnen nicht mehr viel Zeit bis zum Ruhestand bleibt oder wenn Sie sich schon im Ruhestand befinden.

Wenn Sie jedoch mehr als zehn Jahre Anlagezeit zur Verfügung haben, können Sie ein kalkulierbares Risiko eingehen, um höhere Gewinne zu erzielen. Das heißt, Sie sollten in gute Aktienfonds oder gemischte Fonds von namhaften Anbietern investieren. Risiko bedeutet dann nicht, daß Sie riskieren, Ihr gesamtes Geld zu verlieren, das ist bei klassischen Aktienfonds nicht möglich. Risiko heißt hier vielmehr, daß Sie mit mehr oder minder starken Kursschwankungen rechnen müssen und daß es Ihnen möglich sein muß, unter Umständen auch mehrjährige Durststrecken auszusitzen.

Der Lohn der Angst: In der Vergangenheit brachten gute Aktienfonds bei langer Anlagedauer Renditen von 10 % und mehr.

Bleiben Sie auf dem Teppich

»In sieben Jahren die erste Million« – solche Buchtitel wekken natürlich Hoffnung. Denn wer möchte nicht in so kurzer Zeit Millionärin werden.

Natürlich können Sie in sieben Jahren eine Million haben, wenn Sie schon heute über 500 000 DM verfügen und diese zu ca. 11 % im Jahr anlegen. Oder wenn Sie sieben Jahre lang monatlich 8000 DM (!) sparen und ca. 12 % Zins dafür erhalten. Aber wer hat schon so viel Geld, und wo gibt es sichere und garantierte Zinsen von 11 und 12 %?

Sie sehen: Leider handelt es sich bei solchen Versprechungen um nichts anderes als um plakative Bauernfängerei.

Hilfreicher sind die folgenden Zahlenbeispiele: Wenn Sie wissen möchten, wie lange es dauert, bis sich Ihr eingesetztes Kapital bei unterschiedlichen Renditen verdoppelt, dann können Sie dies mit der folgenden Faustformel errechnen:

Nehmen Sie die Zahl 72 und teilen Sie sie durch die durchschnittliche Rendite, die Sie mit Ihrer Geldanlage erzielen: z. B. 72:6 = 12. Sie wissen nun, daß es bei 6 % Rendite zwölf Jahre dauert, bis sich Ihr Kapital verdoppelt hat.

Oder Sie rechnen: 72:10 = 7,2. Bei 10 % Rendite verdoppelt sich also Ihr Kapital bereits nach 7,2 Jahren.

Und wenn Sie Millionärin werden möchten bis zum Rentenalter – kein Problem! Die folgenden Zahlen zeigen Ihnen, wieviel Geld Sie wie lange sparen müssen, um Ihr Ziel zu erreichen:

Notwendige monatliche Einzahlungen zum Erreichen von 1 Mill. DM Kapital im Alter von 65 Jahren

Beginn der Einzahlung im Alter von	monatl. Einzahlung in DM[1]) bei einem Zinssatz von		
	4 Prozent	**6 Prozent**	**8 Prozent**
bei Geburt	291	119	46
5 Jahren	360	160	67
10 Jahren	448	215	100
15 Jahren	562	292	147
20 Jahren	708	399	217
25 Jahren	902	548	324
30 Jahren	1163	761	487
35 Jahren	1528	1072	741
40 Jahren	2057	1546	1148
45 Jahren	2877	2305	1833
50 Jahren	4278	3641	3089
55 Jahren	7134	6430	5790
60 Jahren	15813	15034	14296

Rechnung vor Steuern und bei Ertragsthesaurierung; [1]) unter Berücksichtigung eines Ausgabeaufschlags von 5 % und einer Wiederanlage der Ausschüttung zum Anteilswert; Quelle BVI

Und wie wirkt sich der Euro aus?

Jede große gesellschaftliche Veränderung ruft Geschäftemacher auf den Plan, Leute also, die mit der Angst oder der Unsicherheit anderer Geld verdienen wollen. Genau das zeigt sich auch wieder bei der Einführung des Euro. Kollegen und Bekannte tun ihr übriges – alle, alle haben einen guten Rat parat: Investiere in Dollars, Schweizer Franken oder englische Pfund, bring dein Geld hierhin oder dorthin, kauf eine Wohnung oder wenigstens ein Grundstück, oder leg das Geld in den Schrank usw.

Sicher ist dabei nur eines: Die europäische Währungsunion ist ein historisch einmaliges Ereignis, dessen genaue Auswirkungen niemand kennen kann. Wenn nun aber die Folgen eines Ereignisses nicht vorhersehbar sind, dann gibt es auch kein Patentrezept gegen eventuelle negative Auswirkungen.

Die entscheidenden Kriterien bei der Geldanlage auch in diesen Zeiten, da sind sich alle seriösen Fachleute einig, sind einzig und allein und nach wie vor

- Ihre persönliche Lebenssituation und
- Ihre individuellen Ziele und Wünsche.

Natürlich sind bestimmte Geldanlagen zu bestimmten Zeiten sinnvoller als andere: In einer Niedrigzinsphase z. B. sollten Sie keine Rentenfonds kaufen, bei Höchstkursen nicht in Aktien investieren. Oder nicht gerade dann eine Immobilie kaufen, wenn Preise und Zinsen auf dem Gipfel sind. Entscheidend für Anlageempfehlungen ist nicht der Euro, sondern neben den oben erwähnten persönlichen Ge-

gebenheiten die aktuelle Anlagesituation, wie z. B. die Entwicklung der Zinsen, der Aktienkurse oder Immobilienpreise und die steuerlichen Rahmenbedingungen.

Lassen Sie sich also nicht verunsichern von Besserwissern und wichtigtuerischen Propheten. Behalten Sie einen kühlen Kopf. Und beherzigen Sie den wichtigsten Grundsatz, den es bei der Geldanlage gibt: Streuen Sie das Risiko, indem Sie in unterschiedliche Anlagen mit unterschiedlichen Anlagezielen investieren. Wenn Sie sorgfältig planen und nicht alles auf eine Karte setzen, sind Sie bestens auf den Euro vorbereitet.

Und denken Sie an den wunderbaren Spruch: Prognosen sind immer unsicher, besonders wenn sie die Zukunft betreffen!

Wenn ich einmal reich wär ...
Wege zum Wohlstand in verschiedenen Lebensphasen

Aller Anfang ist nicht schwer

Wenn Sie gerade Ihre Ausbildung oder Ihr Studium beendet haben und Ihr erstes Geld verdienen, ist die Versuchung meist sehr groß, erst einmal alle lang aufgeschobenen Konsumwünsche zu befriedigen. Das ist verständlich. Die erste Wohnungseinrichtung beispielsweise verschlingt eine Menge Geld, modische Kleider ebenfalls. Gönnen Sie sich ruhig Dinge, die Sie schon lange haben wollten. Doch vernachlässigen Sie darüber das Sparen nicht, auch wenn Sie zunächst nur kleinere Summen erübrigen können.

Bevor Sie an Vermögensbildung denken, müssen Sie eine Summe für Notfälle – von der Autoreparatur bis zur Heizkostennachzahlung – zurücklegen. Solch eine Liquiditätsreserve sollte mindestens ein Monatsgehalt betragen. Dieses Geld ist auf einem Sparbuch gut untergebracht. Einige Banken bieten auch Girokonten an, bei denen das Guthaben verzinst wird. Diese Reserve soll verhindern, daß Sie einen teuren Dispo-Kredit in Anspruch nehmen müssen, wenn Sie unvorhergesehene Ausgaben haben. Ein Rechenbeispiel: Wenn Sie einen Dispo-Kredit über 3000 DM mit sich herumschleppen und zwölf Prozent Zinsen dafür bezahlen, kostet Sie dieser Kredit in fünf Jahren 1800 DM Zinsen!

Der Staat fördert das Sparen!
Erhalten Sie von Ihrem Arbeitgeber vermögenswirksame Leistungen? Dann sollten Sie die erhöhte staatliche Sparförderung nutzen. Sie erhalten für vermögenswirksame Sparverträge folgende Zulagen:

- 10 % Sparzulage auf Bausparverträge für Einzahlungen bis zu 936 DM pro Jahr.
- 20 % Sparzulage (in den neuen Bundesländern 25 %) auf Aktienfonds für Einzahlungen bis zu 800 DM pro Jahr.

Voraussetzung ist, daß Sie als Alleinstehende nicht mehr als 35 000 DM zu versteuerndes Einkommen pro Jahr haben (Verheiratete 70 000 DM).

Es gibt aber noch mehr Hilfe vom Staat:

- Die 10 %ige Wohnungsbauprämie bei Bausparverträgen. Wenn Sie als Alleinstehende 1000 DM im Jahr (Verheiratete 2000 DM) auf einen Bausparvertrag einzahlen und mindestens sieben Jahre dabei bleiben, erhalten Sie 10 % Ihrer Einzahlung als Wohnungsbauprämie vom Staat geschenkt (Verheiratete jeweils das Doppelte).

Die Wohnungsbauprämie erhalten Sie nicht für die vermögenswirksamen Leistungen, für die es die Sparzulage gibt, sondern nur für zusätzlich eingezahltes Geld! Um die Wohnungsbauprämie zu erhalten, dürfen Sie 50 000 DM zu versteuerndes Einkommen im Jahr haben (Verheiratete 100 000 DM).

Wenn Sie alle staatlichen Förderungen nutzen können, dann zahlen Sie auf die drei verschiedenen Sparverträge insgesamt 2736 DM (als Alleinstehende) im Jahr ein und erhalten 353,60 DM pro Jahr geschenkt – sieben Jahre lang! Das lohnt sich!

Wenn es finanziell nur irgendwie möglich ist, sollten Sie auch jetzt schon die längerfristige Vermögensplanung im Auge haben. Eine Kapital-Lebensversicherung gehört zu den wichtigen Basisanlagen. Je früher Sie damit anfangen, desto weniger Geld müssen Sie für den monatlichen Beitrag aufwenden. Schon mit relativ kleinen monatlichen Beiträgen können Sie langfristig ein schönes Sümmchen für Ihre Altersversorgung sparen.

Ein Beispiel: Wenn Sie im Alter von 25 Jahren beginnen und monatlich 100 DM einzahlen, kommt bei einer guten

Versicherungsgesellschaft mit 65 Jahren ein Auszahlungsbetrag von rund 280 000 DM zustande. Steuerfrei!

Eine Alternative zu Kapital-Lebensversicherungen sind Sparpläne bei Aktienfonds. Die höheren Risiken von Aktienfonds können Sie dann tragen, wenn eine längere Laufzeit zur Verfügung steht und Sie das Geld nicht zu einem bestimmten Zeitpunkt benötigen. Über lange Zeiträume haben Aktienfonds in den vergangenen Jahrzehnten sehr gute Ergebnisse gebracht. Wer in der Vergangenheit 30 Jahre lang monatlich 100 DM in einem deutschen Aktienfonds anlegte, hat heute stolze 234 000 DM auf dem Konto!

Fonds-Sparpläne sind außerdem flexibel: Sie können monatlich sparen, aber auch einmalige zusätzliche Einzahlungen leisten oder, wenn Sie gerade einen finanziellen Engpaß haben, die Einzahlungen ruhen lassen.

Die ersten Berufsjahre

Das wichtigste Kriterium in den ersten Berufsjahren lautet: die Arbeitskraft absichern! Das gilt auch, wenn Sie in einer festen Beziehung leben oder schon verheiratet sind. Denn bei aller Liebe: Die heutigen Scheidungsziffern zeigen deutlich, daß eine Ehe keine Versorgungsgarantie mehr ist. Die Absicherung erfolgt am besten durch eine Berufsunfähigkeitsversicherung. Sie ist besonders dann zu empfehlen, wenn noch keine oder nur geringe Ansprüche an die gesetzliche Rentenversicherung bestehen. Die Versicherung zahlt Ihnen eine monatliche Rente, wenn Sie – zum Beispiel wegen einer schweren Krankheit – nicht mehr in der Lage sind, Ihren Beruf auszuüben. Der Schutz durch eine Berufsunfähigkeitsversicherung ist umfassender als der durch eine Unfallversicherung. Für eine monatliche BU-Rente von 2000 DM zahlen Sie bei einer eigenständigen Berufsunfähigkeitsversicherung einen Monatsbeitrag von etwa 100 DM.

Vermögen bilden

Das finanzielle Polster für Notfälle und Extra-Ausgaben ist immer wichtig. Ich empfehle, zwei Netto-Gehälter auf einem Sparbuch, einem Festgeldkonto oder in einem Geldmarktfonds zu parken. Für die nächsten Tausender kaufen Sie sich am besten Bundesschatzbriefe, Typ A. Diese völlig risikolosen Bundeswertpapiere haben eine Laufzeit von sechs Jahren. Im ersten Jahr sind diese Papiere unkündbar, danach können Sie sie jederzeit verkaufen. Wichtig: Die Bundesschuldenverwaltung verwahrt die Bundesschatzbriefe kostenlos, bei Ihrer Bank oder Sparkasse fallen dagegen Gebühren an.

Nutzen Sie die staatliche Sparförderung, wie sie auf Seite 145 f. beschrieben ist. Wenn Sie darüber hinaus noch Geld anzulegen haben, sind Aktienfonds erste Wahl! Jung, wie Sie sind, können Sie durchaus etwas mehr Risiko eingehen: Sie haben ja Zeit, um Börsenflauten »auszusitzen«. Sie können klassische Fonds mit deutschen, europäischen und/oder internationalen Aktien wählen. Außerdem bieten Emerging-Market-Fonds, also Aktienfonds, die in die chancenreichen Schwellenländer (zum Beispiel in Asien, Südamerika oder Afrika) investieren, Telekommunikations-Fonds und Dollar-Fonds große Chancen. Diese Fonds haben aber natürlich auch ein entsprechendes Risiko. Nehmen Sie nur erstklassige Fonds namhafter Fondsgesellschaften, um das Risiko in Grenzen zu halten.

Bei allem Reiz dieser interessanten Geldanlagen sollten Sie Lebensversicherungen nicht vergessen. Kapital-Lebens- und Rentenversicherungen sind Basisanlagen zur langfristigen Vermögensbildung und bieten Ihnen ein kalkulierbares Ergebnis. Die Erträge sind, wenn die Versicherung länger als zwölf Jahre läuft, steuerfrei. Dazu haben Sie bei deutschen Gesellschaften eine hohe Sicherheit.

Eine Immobilie ist meiner Erfahrung nach in dieser

Phase noch nicht angebracht. Sie sollten ja mobil bleiben, um berufliche Chancen wahrnehmen zu können. Eine Eigentumswohnung oder ein Haus werden da schnell zum Klotz am Bein!

Pause im Beruf

Auch wenn Sie glücklich über Ihr Baby oder die Kinder sind und sich über den Erziehungsurlaub freuen: Plötzlich ohne eigenes Einkommen dazustehen, das ist nicht so leicht zu verkraften. Immer mehr Paare lösen das Problem, indem das Familieneinkommen geteilt und auf die jeweiligen Konten überwiesen wird. Frau und Mann tragen dann gemeinsam alle anfallenden Kosten je zur Hälfte. Der Rest steht für beide zur freien Verfügung.

Ich halte das für eine praktikable und partnerschaftliche Lösung. Sie erspart der nicht Erwerbstätigen – und das ist nun mal meist die Frau – das Bitten um Geld bzw. das unwürdige Gefühl, kein eigenes Geld zu besitzen.

Wichtig ist natürlich auch in dieser Lebensphase eine ausreichende Liquiditätsreserve in Form von Sparbuch, Festgeld oder Geldmarktfonds. Im Vordergrund sollte nun aber auf jeden Fall die Absicherung der Familie gegen existentielle Risiken stehen. Eine Risiko-Lebensversicherung gekoppelt mit einer Berufsunfähigkeitsversicherung für den Hauptverdiener ist dringend zu empfehlen.

Unbedingt notwendig ist für jede Frau, die beruflich pausiert, eine private Rentenversicherung zum Aufbau einer eigenständigen Altersvorsorge. Wenn Sie noch jung sind und einen entsprechend langen Anlagezeitraum zur Verfügung haben, brauchen Sie dafür nur einen relativ geringen Betrag anzusetzen. Eine 30jährige zum Beispiel kann mit einem Monatsbeitrag von 100 DM bis zum 65. Lebensjahr eine lebenslange monatliche Rente von etwa 1200 DM erreichen, wenn sie insgesamt 35 Jahre bis zum 65. Lebensjahr einzahlt und ab dann Rente bezieht.

Können Sie darüber hinaus noch mehr sparen, empfehle ich Ihnen, dieses Geld über einen Sparplan in einen Aktienfonds zu investieren. Wie oben erwähnt, konnte, wer 30 Jahre lang monatlich 100 DM in einem Fonds mit deutschen Standardaktien anlegte, ein Vermögen von 234000 DM erzielen!

Und wenn Sie während Ihrer Berufstätigkeit schon eine Lebensversicherung oder einen Fondssparplan abgeschlossen haben, dann sollten Sie diese jetzt nicht stillegen oder gar kündigen, sondern in jedem Fall weiterführen. Sehr viele junge Frauen, die beruflich pausieren, lösen schon vorhandene Lebensversicherungen oder Fondssparpläne auf, weil sie kein eigenes Geld mehr verdienen. Wenn Sie sich in Übereinkunft mit Ihrem Partner dem gemeinsamen Kind widmen, nehmen Sie erhebliche berufliche und wirtschaftliche Nachteile in Kauf. Deshalb sollen, ja müssen, Ihre Lebensversicherung oder Ihr Fondssparplan aus dem Familieneinkommen weitergezahlt werden.

Jetzt sind auch das selbstgenutzte Haus oder die selbstgenutzte Wohnung sehr erstrebenswert und sicherlich eine der lohnendsten Investitionen überhaupt. Allerdings müssen Sie und Ihr Partner hierfür doch über beträchtliches Eigenkapital verfügen, wenn die Schuldenlast Sie nicht erdrücken soll. Der Staat hilft mit der Eigenheim-Zulage. Bauherren oder Käufer erhalten acht Jahre lang bei einem Neubau 5 % der Anschaffungskosten, höchstens 5000 DM pro Jahr; bei einem Altbau 2,5 %, höchstens 2500 DM pro Jahr. Dazu kommt noch in jedem Fall das Baukindergeld von 1500 DM pro Jahr und Kind. Ein Ehepaar mit zwei Kindern erhält also nach dem Kauf einer Neubau-Eigentumswohnung in acht Jahren eine Gesamtsumme von 64000 DM vom Staat geschenkt!

Viele Familien wollen das Kindergeld gut anlegen, um es

später für die Ausbildung oder das Studium der Kinder verwenden zu können. Eine Ausbildungsversicherung ist dazu sehr gut geeignet. Hier handelt es sich um eine Lebensversicherung, die auf Mutter oder Vater abgeschlossen wird. Ist das Kind zum Beispiel fünf Jahre alt und soll es zum 20. Lebensjahr Geld für eine Ausbildung erhalten, dann läuft die Versicherung über 15 Jahre. Stirbt derjenige, auf den die Versicherung abgeschlossen ist, während dieser Laufzeit, wird die Versicherung trotzdem weitergeführt, die Beiträge zahlt aber dann die Versicherungsgesellschaft weiter. Die benötigte Summe wird also auf jeden Fall zum vereinbarten Zeitpunkt ausgezahlt. Auch Fonds-Sparpläne, vorzugsweise mit Aktien, eignen sich für die Anlage des Kindergeldes sehr gut.

Auf dem Weg nach oben

Wenn Sie Single sind, dann sind Sie ohnehin für Ihre finanzielle Planung selbst verantwortlich. Aber auch wenn Sie zu den Dinks (»double income, no kids«) gehören, sollten Sie Ihr eigenes Geld selbst verwalten und anlegen.

Wichtig, wie in jedem Lebensabschnitt, sind auch hier kurzfristig verfügbare Gelder auf Festgeldkonten oder in einem Geldmarktfonds. Wie hoch diese Liquiditätsreserve sein soll, darüber gibt es unterschiedliche Auffassungen: Drei Monatsgehälter? Oder reicht schon eins? Nach meiner Erfahrung liegt die Wahrheit in der Mitte: In der Regel sind zwei Monatsgehälter als flüssige Reserve in dieser Lebensphase gerade richtig.

Ein mittelfristiges Finanzpolster könnte aus festverzinslichen Wertpapieren bestehen, wie z.B. Obligationen, Schuldverschreibungen usw. Investieren Sie hier nur so viel von Ihrem Kapital, daß die Zinserträge den Freibetrag von 3000 DM nicht übersteigen.

Mit dem höheren Einkommen geht leider auch eine höhere Steuerlast einher. Deshalb können Sie nun auch steuersparende Geldanlagen planen. Sehr interessant ist z. B. eine Lebensversicherung in Form der Direktversicherung durch Gehaltsumwandlung – eine der lohnendsten Anlageformen. Hierbei schließt der Arbeitgeber für den Arbeitnehmer eine Lebensversicherung ab und zahlt die Prämie dafür direkt an die Versicherungsgesellschaft. Die Versicherungsprämie wird vom Brutto-Gehalt abgezogen und mit nur 20 % pauschal versteuert. Ihr viel höherer Steuersatz gilt dann nur noch für den Rest Ihres Brutto-Gehalts. Je höher der individuelle Steuersatz ist, desto höher ist die dadurch erzielte Steuerersparnis. Der zulässige Höchstbetrag ist 3408 DM pro Jahr, das sind 284 DM monatlich.

Ist ein finanzielles Polster vorhanden, der Arbeitsplatz sicher und das Einkommen entsprechend hoch, sollten Sie eine Neubau-Eigentumswohnung kaufen und diese vermieten. Acht Jahre lang können Sie 5 % der Herstellungskosten steuerlich absetzen und damit einiges an Steuern sparen. Mieteinnahmen und Steuerersparnis helfen Ihnen, die Immobilie zu finanzieren. Mindestens 10 % Eigenkapital sollten Sie allerdings einsetzen können, damit das Ganze nicht zur Belastung wird.

Wenn Sie dann noch Geld zur Verfügung haben, bauen Sie am besten Ihren Bestand an Aktienfonds aus. In die meisten Fonds können Sie ab einem Betrag von 10 000 DM investieren. Ideal zum Ausbau Ihres Vermögens sind breit gestreute, international anlegende Fonds namhafter Anbieter. Setzen Sie auch hier nicht alles auf eine Karte, sondern wählen Sie Fonds mit unterschiedlicher Zielrichtung. So könnte zum Beispiel ein Teil Ihres Geldes in Fonds mit europäischen Aktien untergebracht sein, ein anderer Teil in einem Fonds, der weltweit in Aktien anlegt.

Reizen Sie noch größere Chancen, und möchten Sie dafür mehr riskieren? Dann ist vielleicht ein Osteuropa-Fonds, ein Schwellenländer-Fonds oder ein Technologie-Fonds das richtige für Sie. Die Chancen sind hier hoch, das Risiko aber natürlich auch.

Aktienfonds sind auch aus steuerlichen Gründen interessant, wenn Sie nämlich den Freibetrag für Zinserträge überschritten haben. Kursgewinne bei Aktienfonds müssen nicht versteuert werden, wenn die Fondsanteile mindestens ein Jahr in Ihrem Besitz waren. Das ist die Spekulationsfrist, die auch für Aktiengewinne gilt.

Auch Offene Immobilienfonds sind steuerlich günstig; nur ein kleiner Teil der Erträge muß versteuert werden. Offene Immobilienfonds sind eine sichere und wertbeständige Basis-Anlage. Einige dieser Fondsgesellschaften investieren auch in Immobilienprojekte im europäischen Ausland, zum Beispiel in Großbritannien, Belgien oder den Niederlanden. Sie bieten höhere Ertragschancen als die Fonds, die ausschließlich in Deutschland anlegen.

Die Schäfchen ins trockene bringen

Häufig ist in dieser Phase schon eine stattliche Summe vorhanden, sei es durch eigene Sparleistung, sei es durch eine Erbschaft. Nun geht es darum, das bis jetzt Erreichte abzusichern und die letzten Weichen für einen sorglosen Lebensabend zu stellen.

Natürlich benötigen Sie auch jetzt eine Liquiditätsreserve in Höhe von rund zwei Monatsgehältern. Festgeld oder Geldmarktfonds sind hierfür geeignet.

Wenn der Freibetrag für Zinseinkünfte (3000 DM für Alleinstehende, 6000 DM für Verheiratete) ausgeschöpft ist, stehen natürlich steuerlich günstige Anlagen im Vordergrund. Besitzen Sie Aktienfonds, brauchen Sie sich darüber keine Sorgen zu machen. Kursgewinne bei Aktien und Aktienfonds sind steuerfrei, wenn diese länger als ein Jahr in

Ihrem Besitz sind. Sie müssen nur die vergleichsweise geringen Dividenden versteuern.

Ist ein Wertpapierdepot vorhanden, sollten Sie es umstrukturieren und hochverzinste Anleihen in niedrigverzinste umtauschen. Damit können Sie steuerfrei Kursgewinne erzielen, haben in den Folgejahren niedrigere Zinseinkünfte und zahlen weniger Steuern.

Sind noch mindestens zwölf Jahre Zeit bis zum Rentenbeginn, können Sie vorhandenes, nicht benötigtes Kapital in eine private Rentenversicherung mit Beitragsdepot einzahlen. Dies ist eine interessante Geldanlage, die es bei den meisten Versicherungsgesellschaften gibt. Sie zahlen einmalig einen größeren Betrag ein, zum Beispiel 50 000 DM. Dieser Betrag wird auf einem Festgeldkonto bei der Versicherungsgesellschaft gut verzinst.

Parallel dazu schließen Sie eine private Rentenversicherung ab. Von Ihrem Festgeldkonto (Beitragsdepot) werden nun die Jahresbeiträge für die Rentenversicherung abgebucht. Am Ende der Laufzeit (mindestens zwölf Jahre) haben Sie die Wahl zwischen einer steuerfreien Auszahlung des angesammelten Kapitals oder einer monatlichen Rente, die lebenslang gezahlt wird. Wenn Sie also zum Beispiel 50 000 DM eingezahlt haben, beträgt die Auszahlungssumme nach zwölf Jahren rund 110 000 DM. Statt des Kapitals können Sie eine lebenslange Rente von etwa 800 DM monatlich wählen.

Stehen Ihnen diese zwölf Jahre nicht mehr zur Verfügung, gibt es die Möglichkeit, einmalig eine größere Summe direkt in eine private Rentenversicherung einzuzahlen. Sie können dann selbst entscheiden, wann Sie Rente beziehen möchten, und müssen nicht die zwölf Jahre Laufzeit abwarten. Allerdings sollten Sie bei dieser Variante nur die Rentenzahlung wählen, die Kapitalauszahlung ist uninteressant, da nicht steuerfrei.

Die private Rente ist steuerlich günstig – sie wird nur

mit dem sogenannten Ertragsanteil versteuert. Für eine 65jährige bedeutet das, nur 27 % der Rente werden als steuerpflichtiges Einkommen gewertet. Die Höhe des Ertragsanteils richtet sich nach Ihrem Alter bei Beginn der Rentenzahlung, wie Sie aus der Tabelle auf S. 73 sehen. Der Ertragsanteil bleibt dann über die Jahre hinweg gleich, solange Sie die private Rente beziehen.

Wenn Sie sehr viel Steuern zahlen, kann sich in diesem Lebensabschnitt auch die Investition in einen soliden Geschlossenen Immobilienfonds lohnen. Hierbei beteiligen Sie sich zusammen mit anderen Anlegern an einer oder mehreren gewerblichen Großimmobilien wie Bürogebäuden, Warenhäusern, Einkaufszentren (siehe auch S. 92 f.). Sie haben im Jahr des Kaufs Steuervorteile und in den Folgejahren Ausschüttungen, die zu rund zwei Drittel steuerfrei sind. Achten Sie aber besonders auf die Qualität des Angebots. Am geringsten dürfte das Risiko bei Geschlossenen Immobilienfonds namhafter Banken sein.

Besitzen Sie eine selbstgenutzte Eigentumswohnung oder ein Haus, sollten Sie jetzt alles daransetzen, bis zum Eintritt des Rentenalters weitgehend schuldenfrei zu werden. Haben Sie eine vermietete Immobilie, ist es auch hier sinnvoll, diese zu entschulden. Die Mieteinnahmen bringen Ihnen dann eine schöne Zusatzrente.

Ernten Sie, was Sie gesät haben!

Nun haben Sie es geschafft: Sie können hoffentlich von den Früchten Ihrer Arbeit leben! Mit gesetzlicher Rente, einer eventuellen Betriebsrente und privaten Geldanlagen läßt sich der gewohnte Lebensstandard aufrechterhalten. Bei der Geldanlage stehen nun die Sicherheit und hohe laufende Renditen im Vordergrund.

Wenn Sie eine Lebensversicherung abgeschlossen hatten,

ist jetzt die Auszahlung einer größeren Summe fällig, die lukrativ und steuerlich günstig angelegt werden kann.

Sehr interessant sind jetzt festverzinsliche Wertpapiere (auch Rentenpapiere genannt) mit regelmäßigen Zinszahlungen, wie zum Beispiel Pfandbriefe, Inhaberschuldverschreibungen, Anleihen, Obligationen usw. Auch Genußscheine von Unternehmen mit hoher Bonität können lohnend sein. Genußscheine sind Zwitter zwischen Anleihen und Aktien: Sie erhalten eine garantierte Mindestverzinsung, in Jahren guter Unternehmensgewinne profitieren Sie aber auch von höheren Zinsen.

Nutzen Sie den Freibetrag für Zinserträge von 3000 DM für Alleinstehende und 6000 DM für Verheiratete. In dieser Höhe können Sie jährlich Zinsen einnehmen, ohne dafür Steuern bezahlen zu müssen.

Darüber hinaus zur Verfügung stehendes Kapital ist in privaten Rentenversicherungen gut untergebracht. Eine Einmalzahlung von 100 000 DM bringt Ihnen zum Beispiel eine sofort beginnende, lebenslange Rente von rund 700 DM, die nur zu einem geringen Teil versteuert werden muß.

Vielen Frauen gefällt an privaten Rentenversicherungen nicht, daß das Kapital verrentet, also aufgezehrt wird. Auch die potentiellen Erben sind in der Regel davon nicht begeistert, denn dieses Geld steht ihnen später nicht mehr zur Verfügung. Denken Sie jedoch daran: Am besten sorgen Sie für Ihre Angehörigen, wenn Sie an sich denken und in jeder Phase des Alters für sich selbst aufkommen können.

Um bei unserem 100 000-DM-Beispiel zu bleiben: Der Betrag wäre bei einem Zinssatz von 6 % und einer Entnahme von 832 DM monatlich in 15 Jahren aufgebraucht. Die private Rentenversicherung zahlt aber weiter, so lange Sie leben.

Besitzen Sie Anteile an Offenen Immobilienfonds oder Rentenfonds, können Sie sich über einen Auszahlplan monatlich eine gleichbleibende Summe von Ihrem Guthaben überweisen lassen. Diese Möglichkeit gibt es mit Kapitalverzehr (dann besteht die Auszahlung zu einem Teil aus Zinsen, zu einem anderen Teil aus der Substanz, das Kapital wird also langsam aufgebraucht) oder ohne Kapitalverzehr. Bei letzterem werden nur die Zinsen verrentet.

Haben Sie Aktienfonds, sollten Sie diese als substanzsichernde Geldanlage behalten, es sei denn, Sie benötigen aus diesem Kapital monatliche Einnahmen.

Aktienfonds sind für Auszahlpläne nicht geeignet. Der Grund: Bei einem Auszahlplan wird regelmäßig ein bestimmter Betrag ausgezahlt. Da ein Aktienfonds keine Zinserträge hat, die zu festen Terminen ausgeschüttet werden, müssen also bei jeder Auszahlung Fondsanteile in entsprechender Höhe verkauft werden. Sind die Kurse niedrig, werden relativ viele Anteile verkauft, um auf den vereinbarten Betrag zu kommen. Sind die Kurse hoch, werden nur wenige Anteile verkauft. Da Aktienfonds mehr oder minder heftigen Schwankungen unterliegen, die Termine der Auszahlung aber festgeschrieben sind, wirkt sich ein Auszahlplan über einen längeren Zeitraum ungünstig aus. Für einen Auszahlplan sind deshalb Fonds mit geringen Schwankungen besser geeignet, also Rentenfonds oder Offene Immobilienfonds.

In Hochzinsphasen sind auch sogenannte Rentenpläne, die unter verschiedenen Bezeichnungen von fast allen Banken angeboten werden, sehr sinnvoll. Sie zahlen einen größeren Betrag ein, legen ihn mindestens fünf und längstens zehn Jahre fest und erhalten während der gesamten Laufzeit einen garantierten Zins. Die Zinszahlungen können Sie als monatliche Rente erhalten. Solche Rentenpläne sind während der Laufzeit nicht kündbar.

Sie können bei diesen Rentenplänen auch vereinbaren, daß Sie nicht nur die Zinsen entnehmen, sondern daß Sie Ihr Kapital verbrauchen. Wieviel Sie monatlich bei unterschiedlichen Zinssätzen entnehmen können, und wie lange Ihr Geld reicht, sehen Sie aus der folgenden Aufstellung:

Einmalanlage	Entnahme-zeitraum in Jahren	Monatliche Entnahme bei einem Zins von:		
		4 %	5 %	6 %
50000	10	502	525	548
	15	366	391	416
	20	300	326	352
	25	261	288	316
100000	10	1004	1050	1096
	15	732	782	832
	20	600	652	704
	25	522	575	631
200000	10	2008	2100	2192
	15	1464	1564	1664
	20	1200	1304	1408
	25	1044	1151	1263

Die Zinsen aus Rentenplänen müssen Sie versteuern, die Erträge aus Rentenfonds auch. Die Erträge aus Offenen Immobilienfonds sind teilweise steuerfrei. Steuerlich am günstigsten ist die lebenslange Rente aus einer privaten Rentenversicherung. Sie wird nur gering besteuert (siehe »Ertragsanteil« Seite 73).

Jetzt ist auch eine Variante der Geschlossenen Immobilienfonds interessant, bei der es nicht um die Steuerersparnis, sondern um hohe steuerfreie Renditen geht. Mit solchen Renditefonds beteiligen Sie sich an Bürogebäuden beispielsweise in Holland, Großbritannien oder den USA. Durch die Doppelbesteuerungs-Abkommen zwischen diesen Ländern und Deutschland bleiben die hohen Ausschüttungen von ca. 7 % und mehr nahezu steuerfrei!

Und was machen Sie mit Ihrer Immobilie?

Wenn Sie alleine leben und Wohnung oder Haus zu groß für Sie geworden sind, dann könnten Sie sich folgende Möglichkeiten überlegen:

- Sie verkaufen Ihre Immobilie, ziehen in eine kleinere Wohnung und lassen das Geld verrenten
- Sie ziehen ebenfalls in eine kleinere Wohnung, vermieten aber Ihre Immobilie
- Sie verkaufen oder vermieten Ihre Immobilie und gründen mit anderen eine Frauen-Wohngemeinschaft. Lesen Sie auf den folgenden Seiten, welche Vorteile das haben kann.

Frauen-Wohngemeinschaften oder Gemeinsam Wohnen im Alter

Mit dem Begriff »Wohngemeinschaften« verbinden sich für viele von uns etwas chaotische Vorstellungen von WGs aus den 60er und 70er Jahren. Doch neu ist die Idee nicht.

Schon im 12. Jahrhundert gab es in Holland Frauen-Wohngemeinschaften in städtischen Bürgerhäusern. Entstanden waren sie im Zuge der Beginen-Bewegung, die sich auch auf Deutschland ausbreitete. Bis heute ist nicht recht klar, ob es sich dabei um eine religiöse Bewegung handelte oder um eine karitative Vereinigung. Die dort lebenden Frauen waren jedenfalls fromm und wohlhabend (eine Kombination, die den Kirchen immer schon recht gut gefallen hat!). Mitgebrachtes eigenes Vermögen durfte jede der Frauen behalten.

Die Sitten und Gebräuche in diesen Wohngemeinschaften waren allerdings recht streng. Die Frauen durften das Haus nur nach Sonnenaufgang verlassen, und vor Sonnenuntergang mußten sie wieder zu Hause sein. Über Nacht ausbleiben war nur gestattet, wenn sie genau angeben konnten, wo sie hingehen wollten.

Auch in Deutschland entstanden im 14. und 15. Jahrhundert Frauen-Wohngemeinschaften, beispielsweise in Frankfurt a. M. Die Frauen, die dort zu dritt oder zu viert zusammenlebten, behielten ihr mitgebrachtes Vermögen, verwalteten und versteuerten es auch selbst, führten aber den Haushalt gemeinsam. In Straßburg bildeten sich aus diesen Wohngemeinschaften Vereine, sogenannte Samungen. Eine Bedingung für die Aufnahme in die Samungen war, daß jede der Frauen soviel Vermögen besaß, daß sie selbst für sich sorgen konnte. Durch die gemeinsame Haushaltsführung in den Samungen konnten sich die Frauen eine beinahe luxuriöse Lebensweise leisten, die ihnen nicht möglich gewesen wäre, wenn sie alleine gelebt hätten.

Heute können sich viele Frauen sehr gut vorstellen, im Alter mit anderen Frauen zusammenzuwohnen. Und unbestritten hat diese Wohnform große Vorteile: Gemeinsames Wirtschaften ist wesentlich kostengünstiger, als alleine zu wohnen. Kontakt und Kommunikation, gegenseitige Hilfe und Unterstützung bei weitgehender Unabhängigkeit und räumlicher Rückzugsmöglichkeit sind für viele Frauen sehr erstrebenswert. Die gemeinsame Nutzung von Haushaltsmaschinen oder das Car-Sharing, also die gemeinsame Nutzung eines Autos, bringen für alle echte Kostenvorteile.

Frauen haben eine höhere Lebenserwartung als Männer. Es gibt also wesentlich mehr ältere Frauen als Männer. Was also liegt näher, als sich zusammenzutun?

Ein ganz besonderes Wohnmodell für ältere Frauen wurde am 18. März 1999 in der »Süddeutschen Zeitung« vorgestellt: Acht ältere Frauen teilen sich seit zwei Jahren in München-Pasing ein Haus, und alle sind hochzufrieden über das Gemeinschaftsprojekt »Nachbarschaftlich leben für Frauen im Alter«. Allerdings dauerte es von den ersten gemeinsamen Diskussionen über andere Wohnformen im Alter noch einmal mehr als zehn Jahre, bis in der Evangelischen Landeskirche ein Bauträger gefunden wurde, der diese Wohnanlage baute und ihnen vermietete.

»Das Projekt besteht rein äußerlich aus acht getrennten Wohnungen und einem Gemeinschaftsraum mit Küche und Bad, das alles untergebracht in einem Gebäude für 15 Parteien … Die Wohnungstüren von Siglinde Falkenberg und Bärbel Dynke liegen kaum einen Meter auseinander und sind somit Symbol für die Grundidee des Wohnprojekts: Getrennt sein – aber unter einem Dach, Nähe, und doch Distanz wahren. ›Uns war von Anfang an wichtig, daß jede ihre eigene Tür hinter sich zumachen kann‹, erzählt Siglinde Falkenberg, und Ursula Daniel fügt hinzu: ›Eine WG wäre für mich überhaupt nicht in Frage gekommen, dafür bin ich viel zu penibel im Bad oder in der Küche.‹ Solche Konfliktzonen wollten die Frauen vermeiden. Aber Gemeinschaft und gegenseitige Hilfe waren ihnen schon in der Vorbereitungsphase die wichtigsten Motive für die Gründung ihrer Hausgemeinschaft.«

Und so stellten sie sich allen Problemen mit Behörden, Formularen und Baustellen, bereiteten sich unter Anleitung einer Supervisorin auf mögliche Konflikte vor, dachten gemeinsam darüber nach, wie sich ihr Leben durch Krankheit oder Gebrechlichkeit verändern könnte (und welche baulichen Details daher notwendig seien) und absolvierten auch einen Pflegekurs.

»Heute sind die acht Damen stolz darauf, das einzige Projekt des Wohnens im Alter zu sein, das tatsächlich realisiert wurde, eine einzigartige Vision. ›Einen alten Baum verpflanzt man nicht‹ ist ein häufig gebrauchtes Argument, wenn es um den Umzug älterer Menschen geht, egal ob ins Altersheim oder zu Familienangehörigen. Die Damen in Pasing haben – so sagen sie selbst – ihre Verpflanzung nicht als schmerzhaft erlebt. »Wir waren ja nicht entwurzelt«, sagt Siglinde Falkenberg, »nach der langen und intensiven Vorbereitung hatten wir ja schon Wurzeln geschlagen im anderen, in der Gruppe.«

Guter Rat muß nicht teuer sein!

Beim Aufbau eines Vermögens für die Versorgung im Alter sollten Sie sich individuell beraten lassen, um herauszufinden, welche der vielen Möglichkeiten am besten zu Ihnen und Ihrer Lebenssituation paßt. Aber wie können Sie beurteilen, ob eine Beratung gut ist oder nicht? Wenn Sie die folgenden Kriterien ansetzen, ist es nicht schwer für Sie, die Qualität eines Beratungsangebots zu erkennen:

- Sind Sie nach Ihrer Vermögenssituation gefragt worden? Für neue Anlageentscheidungen ist es wichtig, ob, in welcher Höhe und in welche Geldanlagen Sie schon investiert haben.
- Ist Ihre steuerliche Situation in die Überlegungen einbezogen worden? Wenn der Freibetrag für Zinserträge ausgeschöpft ist, partizipiert der Fiskus an jeder Mark, die Sie aus Zinseinkünften erhalten.
- Haben Ihre wirtschaftlichen Ziele und Wünsche eine Rolle gespielt? Es ist bedeutsam, ob Sie sich z. B. in einigen Jahren selbständig machen werden oder eine größere Investition planen.
- Wurde Ihre persönliche Risikobereitschaft angesprochen bzw. wurden Sie auf Geldanlagen aufmerksam gemacht, die zwar ein höheres Risiko bringen, aber auch höhere Chancen haben?
- Wurde Ihnen nur ein Anlagevorschlag gemacht, oder wurden mehrere Alternativen aufgezeigt? Waren Ihnen nach dem Gespräch auch die Nachteile der jeweiligen Geldanlagen bewußt?
- War die Gesprächsatmosphäre freundlich? Hat sich der/

die BeraterIn so ausgedrückt, daß Sie alles verstanden haben?
- Hat Ihr/e BankberaterIn im Laufe Ihrer Geschäftsbeziehung einen Versuch gemacht, mit Ihnen ein individuelles Vermögenskonzept zu besprechen?

Nicht zu vergessen: Zu einer guten Beratung gehört auch der äußere Rahmen. Seriöse FinanzdienstleisterInnen besprechen Ihre Vermögenssituation nicht bei Ihnen zu Hause an Ihrem Wohnzimmertisch. Renommierte Finanzfachleute haben ein Büro und vereinbaren dort einen Termin mit Ihnen.

Wenn Sie sich bei Ihrer Bank beraten lassen, sollte das Gespräch, wenn es sich um ein Vermögenskonzept oder um die Anlage eines größeren Betrages handelt, nicht am Bankschalter stattfinden und auch nicht so, daß andere mithören können.

Und noch ein dringender Rat: Nachbarn, Kollegen, Freunde und Bekannte sind als Berater in Geldanlagen ungeeignet, es sei denn, es handelt sich um ausgewiesene Fachleute. Was zu Ihrer Freundin oder Ihrem Freund paßt, muß für Sie nicht richtig sein. Wie der Fall von Frau S. zeigt:

Frau S., 59 Jahre alt, verwitwet, will mit 65 Jahren in Rente gehen. Sie hat etwas Geld geerbt, 50000 DM, und möchte dieses Geld für ihre Altersversorgung anlegen. Ein Nachbar rät ihr zu einem bekannten amerikanischen Aktienfonds, weil der »14 % pro Jahr Rendite bringt«.

Gesagt hat der Nachbar nicht, daß es sich bei den beeindruckenden 14 % um eine durchschnittliche jährliche Wertsteigerung über einen längeren Zeitraum handelt und nicht um regelmäßige Zinsausschüttungen. Und gesagt hat er natürlich auch nicht, daß eine Anlagezeit von sechs Jahren bis zu ihrer Rente viel zu kurz ist, um ihr verbindlich einen guten Anlageerfolg zu sichern.

Eine Umfrage im Herbst 1997 durch das EMNID-Institut im Auftrag der AEGON-Versicherung ergab: »72 % der befragten Frauen finden, daß Frauen andere Bedürfnisse haben als Männer und daß es deshalb eine spezielle Beratung für Frauen geben müßte.«

Seit mehr als zehn Jahren gibt es den »Arbeitskreis Versicherungs- und Finanzexpertinnen – bundesweit«. In ihm haben sich unabhängige, qualifizierte Fachfrauen zusammengeschlossen, die überwiegend Frauen beraten. Die Adressen finden Sie im Anhang.

Ausblick

Zum ersten Mal in der Geschichte unseres Kulturkreises haben Frauen die Möglichkeit, selbstbestimmt und finanziell unabhängig im Alter zu leben. Sie müssen nicht, wie die Frauen früherer Generationen, aus wirtschaftlichen Gründen bei einem ungeliebten Partner bleiben oder das »Gnadenbrot« in der Familie essen.

Voraussetzung dazu ist, daß Frauen sich von überholten Rollenbildern und von trügerischen Absicherungsvorstellungen freimachen, daß sie ihre wirtschaftliche Existenz selbst in die Hand nehmen und eigenverantwortlich gestalten.

Frauen haben sehr gute Chancen, ihre Ziele zu erreichen. Sie fallen seltener auf unseriöse Angebote herein und sind nach meiner Erfahrung meist realistischer bei der Geldanlage als Männer – wenn sie sich auf diesem Gebiet etwas mehr trauen und mehr zutrauen.

Das nötige Rüstzeug dazu haben Sie in diesem Buch gefunden. Und nun wünsche ich Ihnen viel Freude bei der Geldanlage, die dazu notwendige Geduld und gutes Gelingen.

Hier werden Sie gut beraten

Arbeitskreis Versicherungs- und Finanzexpertinnen – bundesweit

Anne Wulf, das finanzkontor gmbh, Kulmbacher Str. 15,
10777 **Berlin**, Tel. 0 30 / 21 47 47 90; Fax 030 / 21 47 47 92

Fair Ladies, Gerda Plate & Inge Schaßberger,
Anklamer Str. 38 – 40,
10115 **Berlin**, Tel. 0 30 / 4 48 48 83; Fax 0 30 / 4 48 48 77

Ulrike Müller, Das Neue Büro, Holbeinstr. 12,
28209 **Bremen**, Tel. 04 21 / 3 47 93 34; Fax 04 21 / 3 47 93 50

Fairsicherungsbüro Regina Weihrauch GmbH, Angerstr. 2 a,
37073 **Göttingen**, Tel. 05 51 / 5 63 73; Fax 05 51 / 48 63 68

Marion Weichert-Prinz, Finanz- und Versicherungs-
expertinnen, Esplanade 6,
20354 **Hamburg**, Tel. 0 40 / 34 34 84; Fax 0 40 / 34 00 17

Gudrun Kielmann, Versicherungs- und Finanzkontor,
Bödekerstr. 96,
30161 **Hannover**, Tel. 05 11 / 62 11 56; Fax 05 11 / 62 28 70

Versicherungs- und Finanzdienstleistungen für Frauen,
Bettina Kempf, Mendelssohnstr. 83,
56076 **Koblenz**, Tel. 02 61 / 9 73 05 31; Fax 02 61 / 9 73 05 33

Heide Härtel-Herrmann, Frauenfinanzdienst,
Herwarthstr. 17,
50672 **Köln**, Tel. 02 21 / 91 28 07 – 0; Fax 02 21 / 91 28 07 – 90

Frauen-Conzept Versicherungsdienstleistungen,
Gabi Kulbe, Alfstr. 28 – 30,
23552 **Lübeck**, Tel. 04 51 / 7 31 47; Fax 04 51 / 7 06 32 44

Svea Kuschel, Versicherungs- und Finanzdienstleistungen
für Frauen GmbH, Schornstr. 8,
81669 **München**, Tel. 0 89 / 4 48 57 46; Fax 0 89 / 48 29 01

Helma Sick, frau & geld, Kaulbachstr. 41 / Rgb.,
80539 **München**, Tel. 0 89 / 28 57 60; Fax 0 89 / 2 80 24 55

Barbara Rojahn, Finanzberatung, Parlerstr. 37,
70192 **Stuttgart**, Tel. 0711 / 2 55 59 60; Fax 07 11 / 2 55 59 61

Danksagung

Sehr herzlich danke ich an dieser Stelle
- meiner Lektorin Renate Dörner, die mich auf die Idee brachte, dieses Buch zu schreiben
- meinen Arbeitskreis-Partnerinnen Heide Härtel-Herrmann und Anne Wulf, die jederzeit bereit waren, mit mir über Fachliches zu diskutieren
- Susanne Mersmann von der Zeitschrift »Brigitte«, die mir mit ihrem Sachverstand und ihrer reichen journalistischen Erfahrung beigestanden hat
- und meinem Mann Erwin Sick, der mich auch bei diesem Buch tatkräftig unterstützt hat.

Und natürlich danke ich allen Frauen ganz besonders, die mir durch ihre Offenheit und durch die Schilderung ihrer Lebenssituation zu wertvollen Einsichten verholfen haben.

Quellen und Literaturhinweise

Verwendet habe ich für dieses Buch Untersuchungen des EMNID-Meinungsforschungs-Instituts im Auftrag der AEGON-Versicherung und der ALLIANZ-Versicherung von 1997. Außerdem habe ich Artikel aus folgenden Zeitungen und Zeitschriften ausgewertet: *Capital, DIE ZEIT, DM, Finanzen, Finanztest, Handelsblatt, Süddeutsche Zeitung, Wirtschaftswoche.*

»Aus der Zeit der Verzweiflung«, Suhrkamp: Frankfurt a. M. 1977 (edition suhrkamp 840)

Dembowski, Anke, »Altersvorsorge und Vermögenssicherung mit Investment«, Falken: Niedernhausen 1998 (Falken Bücher 2171)

Deutsches Institut für Altersvorsorge, »Renditen der gesetzlichen Rentenversicherung im Vergleich zu alternativen Anlageformen«, (Eigenverlag): Köln 1998

Gaulke, Jürgen, »Kursbuch Altersvorsorge 97/98«, Fischer: Frankfurt a. M. 1997 (Fischer Taschenbuch 13633)

Köhler, Wolfgang, »Aus Geld Vermögen machen«, Wirtschaftsverlag Langen Müller / Herbig: München 1994

Kuschel, Svea, »Vorsorgen statt draufzahlen«, Econ: München 1996 (Econ & List Taschenbuch 21390)

Leidigkeit, Wolfgang / Rolf Ponzelet / Friedl Rohde, »Meine Rente von A – Z«, WRS Verlag: Planegg 1998

Lindmayer, Karl H., »Geldanlage und Steuer 1999«, Gabler: Wiesbaden 1999

Schwenk, Beate / Birgit Andries, »Ehevertrag, Finanzen und Alterssicherung«, Campus: Frankfurt 1998 (campus concret 36)

Seyboth, Hermann, »Mensch und Schicksal«, Kleine Verlagsgesellschaft. Stuttgart 1957

Van Veen, Hanneke / Rob van Eeden »Knausern Sie sich reich«, mvg-Verlag: Landsberg 1998 (mvg-Paperbacks 531)

Sandra S. Kahn

Scheiden tut weh – wenn Frauen nicht loslassen können

Aus dem Amerikanischen von Brigitte Stein. 315 Seiten. SP 1738

Sandra S. Kahn geht von der überzeugenden Grundthese aus, daß Frauen – bedingt durch Erziehung und Geschichte – dazu neigen, ihr Selbstwertgefühl durch die Bindung an andere zu definieren und daraus zu beziehen. Anhand vieler konkreter Beispiele zeigt die Autorin auf, wie sich im therapeutischen Prozeß die geheimen Verklammerungen an den Ex-Partner und damit an die Vergangenheit lösen zugunsten eines selbständigen Handelns, das sich auf Gegenwart und Zukunft richtet.

»Ein handfester Ratgeber ohne Schönfärberei und falsche Versprechungen. Sandra S. Kahn gibt auch konkrete Rechts- und Lebenshilfen zum Umgang mit Kindern und Familie(n), mit Geld und Anwälten sowie zum schwersten Teil des Geschehens: zur Rückkehr in ein eigenes soziales und sexuelles Leben.«
Brigitte

Helga Felbinger

Nimm dir Zeit, nicht gleich den Nächsten

Ratgeber für Geschiedene. 158 Seiten. SP 1646

Ende (der Ehe) gut, alles gut – das ist leider ein weitverbreiteter Irrtum. Helga Felbinger zeigt in diesem »Ratgeber für Geschiedene«, was zu tun ist, um nach einer Scheidung den Weg zu neuem Glück zu ebnen: daß das Ende einer Ehe erst einmal betrauert werden, das Selbstbewußtsein wieder gestärkt und eine neue Rolle in der Gesellschaft gefunden werden muß, bevor eine neue Liebe Aussicht auf Befriedigung und Dauer versprechen kann. Wie man nach einer Zeit bejahten und genutzten Alleinlebens einen neuen Partner sucht und findet; was Mann und Frau von einer neuen Bindung erwarten und welche Vereinbarungen sie treffen sollten, um ihr Glück zu sichern, auch darauf geht dieses Buch einfühlsam und wegbegleitend ein.

»Die Autorin, selbst geschieden, rät: Erstmal allein leben! Ja nicht unter Mutters Rockschöße zurückkriechen!
EMMA

Helma Sick

frau & geld

Ein Finanzratgeber. 159 Seiten mit fünf Cartoons von Rita Wildenauer. SP 2007

Finanzielle Unabhängigkeit macht frei – in Beziehungen, in der Lebensgestaltung, im Beruf. Und doch haben immer noch viele Frauen eine tief verwurzelte Scheu vor dem Thema Geld, vor nüchterner, selbstbewußter Finanzplanung. Die Münchner Finanzberaterin Helma Sick, die vor allem Frauen berät, gibt gut verständlich Auskunft: Wie Sie mit Geld umgehen sollten, welche Geldanlagen für einen Vermögensaufbau geeignet sind, mit welchen Chancen und Risiken Sie rechnen können und müssen. Sie lernen Grundprinzipien der Vermögensplanung kennen und sehen, welche Geldanlagen in welchen Lebensabschnitten sinnvoll sind; warum Altersvorsorge wichtig ist und warum Frauen dies gern verdrängen.

»Ein überaus nützliches, aber auch spannend zu lesendes Buch, weil Helma Sick Frauen klarmacht, warum Geld nicht länger ein Tabu-Thema sein darf.«
Brigitte

Lee Bryce

Frauen auf Erfolgskurs

Strategien für den beruflichen Aufstieg. Aus dem Amerikanischen von Annemarie Döring. 238 Seiten. SP 1534

Frauen haben es, wenn sie sich im Beruf durchsetzen wollen, noch immer schwerer als Männer, obwohl sie häufig härter arbeiten als ihre Kollegen und oft auch besser qualifiziert sind. Daran sind auch innere Blockaden schuld, die viele Frauen hemmen: ein bestimmtes Muster von »Weiblichkeit«, Angst ums Privatleben u. a. Lee Bryce zeigt, wie Frauen diese Hindernisse überwinden können und wie sich Erfolg mit Weiblichkeit verbinden läßt.

»Lee Bryce hat die Eigenschaften gründlich analysiert, die der karriereorientierten Frau zum Erfolg verhelfen und sie zur ebenbürtigen Partnerin des Mannes im Berufsleben aufsteigen lassen.«
Handelsblatt

»Die Qualitäten des Buches liegen in der Vielfalt der geschilderten Erfahrungen, in der Sensibilität der Analyse und in der Praktikabilität der Hinweise.«
Kai von Holleben

SERIE
PIPER

SERIE PIPER

Rosmarie Welter-Enderlin

Paare –
Leidenschaft und
lange Weile
Frauen und Männer in Zeiten des
Übergangs. 336 Seiten. SP 2164

Der Anspruch auf Gleichberechtigung von Frauen und Männern stellt auch – oder gerade – die Beziehungen zwischen den Geschlechtern auf die Probe. Daß es dabei häufiger kriselt als im herkömmlichen Eheschema unserer Eltern und Großeltern, ist kein Wunder.

Krisen gehören zu jeder lebendigen Paarbeziehung, wenn die Liebe nicht zur leeren Form erstarren soll. Sie sind Vorboten von fälligem Wandel, für die wir eigentlich dankbar sein müßten. Wer aber mittendrin steckt, wünscht sie zum Kukkuck und sehnt sich zurück nach der »guten alten Zeit«, als Mann und Frau noch wußten, wo sie hingehörten und nicht jeden Morgen die moderne Frage beantworten mußten: Bleiben wir in der Beziehung, weil wir glücklich sind – oder einfach aus Gewohnheit?

Hier geht es nicht um simple Reparaturmodelle für Beziehungskonflikte; die Autorin sucht vielmehr die vielfältigen Entwicklungschancen für das Zusammenleben von Mann und Frau in der Auseinandersetzung mit historisch und biographisch gewachsenen inneren Leitbildern und äußeren Strukturen – so wenn sie etwa dazu auffordert, die herrschenden Bilder von »Männlichkeit« und »Weiblichkeit« aufzuweichen und individuell neu zu bestimmen.

Die hier versammelten Fallbeispiele zeigen, wie Menschen ihre Lebensläufe neu definieren können, wenn sie in der Lage sind, eingefahrene Wege zu verlassen.

»Die Schweizer Familientherapeutin hat 33 Paare, die vor Jahren bei ihr zur Beratung waren, gefragt, wie sie sich inzwischen entwickelt haben, und ihre Berichte aufgeschrieben. Hier werden ›Fälle‹ nicht in Ratgebermanier über einen Kamm geschoren, sondern individuell ausgeleuchtet. Wer sich darauf einläßt, bekommt Denkanstöße für den eigenen Weg.«

Brigitte

Shere Hite / Kate Colleran

Keinen Mann um jeden Preis

Aus dem Amerikanischen von ILS und Margaret Minker. 245 Seiten. SP 1226

Immer mehr Frauen entscheiden sich, alleine zu leben. Shere Hite hat in zahlreichen Interviews herausgefunden, daß die meisten Single-Frauen sich wohlfühlen, oft sogar besser leben, befreit von ehelichen Pflichten und männlicher Bevormundung. Der Mythos vom »weiblichen Masochismus«, so die Autorinnen, hat ausgedient. Frauen lieben, aber nicht um jeden Preis! »Keinen Mann um jeden Preis« ist die Essenz des dritten Hite-Reports »Frauen und Liebe«. Am Beispiel zahlreicher Berichte und Kommentare von Frauen, über ihre Situation und ihr Lebensgefühl, beschreiben Shere Hite und Kate Colleran, was derzeit in der Liebe so schiefläuft und warum.

Eva Jaeggi / Walter Hollstein

Wenn Ehen älter werden

Liebe, Krise, Neubeginn. 310 Seiten. SP 867

Das große Problem der privaten Existenz ist für die Menschen unserer Epoche die Partnerschaft. Eva Jaeggi und Walter Hollstein beschreiben in diesem Buch Liebe und Kontakte zwischen Frau und Mann. Wie ist Partnerschaft heute möglich? Läßt sich das Außergewöhnliche der Liebe mit dem Gewöhnlichen des Alltags verbinden?
Für ihre Darstellung haben die Autoren eine Mischform gewählt: Interviews, Zwiegespräche, Erzählungen der Betroffenen, Tagebuchnotizen und Berichte der Partner wechseln sich ab mit den Beobachtungen, Kommentaren, Analysen und Interpretationen der Autoren. Das Ergebnis ist ein flüssig zu lesendes, außerordentlich anregendes und hilfreiches Buch, das die Partnerschaft bejaht, ohne ihre Konflikte zu leugnen.

Thomas Weiss / Gabriele Haertel-Weiss

Familientherapie ohne Familie

Kurztherapie mit Einzelpatienten. Mit einem Vorwort von Helm Stierlin und einem Nachtrag der Autoren zur Taschenbuchausgabe. 222 Seiten. SP 1161

Die Familientherapie hat eine faszinierende Entwicklung in der Psychotherapie bewirkt. Bis dahin ungewöhnliche therapeutische Interventionen führten häufig zu schnellen Erfolgen.

Der Schwerpunkt des Buches liegt in der lebensnahen Vermittlung der therapeutischen Interviewtechnik, dem sogenannten »zirkulären« Fragen. Dieses Verfahren versucht, das jeweilige Symptom in seiner aktuellen Einbindung in das Beziehungssystem des Patienten zu verstehen und die »gesunden«, positiven Anteile des Patienten herauszufinden und für die Therapie zu mobilisieren. Die Autoren gehen davon aus, daß der Patient selbst den Schüssel zur Lösung in sich trägt und die Aufgabe des Therapeuten lediglich darin besteht, ihm beim Suchen zu helfen.

Renate Daimler

Warum wir streiten, wenn wir lieben

Familienmuster als unsichtbare Mitspieler in der Partnerschaft. 240 Seiten. SP 2430

Zwei Menschen lieben sich und wählen einander aus freiem Willen. Doch immer sind sie in Begleitung von unsichtbaren Mitspielern. Diese beeinflussen unsere Partnerwahl. Ihre geheimen Botschaften und Aufträge erfüllen wir unbewußt in unseren Beziehungen. Es sind nicht nur unsere Eltern, die so mächtig hinter uns stehen, auch Großeltern, der Bruder, die Tante … In diesem Buch kommen fünf Paare zu Wort: Frauen und Männer, die nach gemeinsam verbrachten Jahren Bilanz ziehen. Unabhängig voneinander erzählen sie über ihr Leben mit dem andern, die eigene Kindheit, über Träume und Sehnsüchte, über Enttäuschungen und Betrug. Hierzu hat die Autorin Auskünfte von Paartherapeuten gestellt, die nicht nur unbewußte Zusammenhänge erhellen, sondern auch Wege weisen für eine glücklichere Paarbeziehung.

Hans Jellouschek

»Warum hast du mir das angetan?«

Untreue als Chance. 191 Seiten.
SP 2465

Wenn einer von beiden fremdgeht und der andere das erfährt, erlebt der Betrogene einen Schock, einen Bruch des Vertrauens und fühlt dann meistens nur noch, daß alles zu Ende ist... Daß ein Seitensprung keineswegs der Tod der Beziehung sein muß, daß diese Situation viele Chancen für einen neuen und gemeinsamen Aufbruch birgt, beschreibt der Therapeut Hans Jellouschek in diesem Buch am Beispiel von drei Paaren, die es anders machen. Untreue kann auch als »kritisches Lebensereignis« gewertet werden, das alle herausfordert, alte, eingefahrene Gleise zu verlassen und zu neuen Ufern aufzubrechen. Durch den Seitensprung nämlich werden oft zum ersten Mal wichtige Themen des Paares und seiner Beziehung angesprochen, die bisher unter den Teppich gekehrt wurden. Jellouschek plädiert gegen schnelle »Alles-oder-nichts-Lösungen«, wohl aber für einen langen Atem, Geduld und viel Toleranz.

»Kann ein Seitensprung gut sein für die Beziehung? Hans Jellouschek meint ja. Er glaubt, daß das Ausbrechen eines Partners aus der Ehe ein ›Aufbruch in ein unbekanntes Land‹ ist, das ein ›gelobtes Land‹ sein kann, ›wenn alle Beteiligten sich den Erfahrungen ehrlich stellen, die sie auf dem Weg machen werden‹. Das wird bei manchen Betroffenen ungläubiges Kopfschütteln auslösen. In seinem Buch erklärt der Theologe und Eheberater jedoch, warum man eine solche Krise als Aufforderung zum Wandel betrachten und wie man das beste daraus machen kann...
Die Stärke des Buches zeigt sich da, wo der Autor auf seine langjährigen Erfahrungen als Therapeut zurückgreift, nämlich bei den Lösungsvorschlägen.«

Psychologie heute

SERIE PIPER